Ⓢ新潮新書

平岡 聡
HIRAOKA Satoshi

南無阿弥陀仏と南無妙法蓮華経

807

新潮社

はじめに

日本の宗派仏教は、鎌倉時代に淵源を持つものがほとんどである。法然《ほうねん》を嚆矢とし、親鸞《しんらん》・日蓮《にちれん》・栄西《えいさい》・道元《どうげん》・一遍《いっぺん》など、祖師の名前が浮かぶ。彼らは公家政権から武家政権へと政治体制が大きく変化する日本の中世に生を享け、それぞれ独自の道を開拓した。同じ仏教と言いながら、念仏・坐禅・唱題と、彼らが最終的に選び抜いた行は異なる。さらに同じ念仏でも、師匠の法然と弟子の親鸞とではその念仏観は同一ではないし、同じ坐禅でも、栄西と道元とではその坐禅観に相違が見られる。その差異を明確にするため、法然と親鸞、または栄西と道元とを比較することには意味があるだろう。

何かを比較する場合、共通の基盤が必要である。人物Aと人物Bとを比較する場合、Aの体重八三キロとBの身長一七〇センチとを比較することには意味がない。比較の基盤が異なるからだ。体重なら体重、身長なら身長で両者を比較しなければならない。Aの体重八三キロとBの体重五〇キロとを比較して初めて「Aの体重の方が三三キロ重い

／Bの体重の方が三三キロ軽い」と、両者の違いが明確になる。しかし、それをどう〝評価〟するかは別問題。重い方がよいのか、軽い方がよいのか。それは評価軸（評価基準）の設定の仕方で異なる。関取になるなら八三キロ、ジョッキーになるなら五〇キロの方が評価されるだろう。このように、評価はあくまで相対的なのだ。

すでに指摘したように、「法然と親鸞」あるいは「栄西と道元」を比較することには一定の意味がある。前者には念仏、後者には坐禅という、比較すべき共通の基盤が存在するからだ。栄西と道元についてはよく知らないが、法然と親鸞を比較した論文や著書は数多い。また、法然を厳しく批判した明恵《みょうえ》との比較で法然を語る著書も存在する（町田宗鳳［1998］など）。両者の思想的立場は異なるが、菩提心《ぼだいしん》（覚《さと》りを求める心）を「認める／認めない」という点で、両者を比較することは可能であろう。

本書で比較するのは、法然と日蓮、である。はたして両者に比較すべき共通の基盤は存在するのか。明恵と同じく、法然を厳しく批判した点では日蓮も同じであり、その意味では比較の対象になりそうだが、両者の思想性や生き方を詳細に比較した著書は、私の知るかぎり、山川智応著『日蓮聖人と法然』［1923］だけであろう。

しかしこの本は今から一〇〇年近く前に出版されたもので、そのタイトル（敬称の有無があまりに恣意的で微笑ましくもある）からして明らかに偏りが見られるし、実際の中身もそうなっている。よって本書では、最新の研究成果を参考にしながら、できるだけ公平に両者の思想と生き方を比較する。

二人とも末法《まっぽう》という時代を強く意識し、その末法にふさわしい行として「易行《いぎょう》（実践し易い行）」を目指し、その結果、法然は念仏、日蓮は唱題に行き着いた。念仏とは「南無阿弥陀仏《なむあみだぶつ》」と声に出して称えること、唱題とは「南無妙法蓮華経《なむみょうほうれんげきょう》」と声に出して唱えることを意味する。

南無（帰依）する対象に「仏」と「法（＝経）」との違いはあるが、いずれも「末法の時代に誰でも実践でき、かつ往生／成仏が可能な行とは何か」という問題意識が出発点になっている。ここだけ見ても、両者は充分、比較に値する。

では、なぜ両者を比較するのか。一見すれば、対極に位置するかに見える二人だが、宗派意識を取り除いて虚心坦懐に両者を比較したとき、相違点はもちろん共通点も鮮明になり、日本仏教の奥深さと幅広さも見えてくるからだ。

ただし本書では、その比較に基づき、どちらが「優れている／劣っている」という評価にまでは踏み込まない。すでに指摘したように、評価は観点や評価軸によって異なるし、それは読者にお任せする。比較を通じて、本書がさらに深い法然理解と日蓮理解を読者に提供できたなら幸甚だ。

なお、本書は信仰書ではないので、「法然上人」や「日蓮聖人」のように、敬称は用いない。また章題は「法然 vs. 日蓮」とし、法然を先に出したが、法然が日蓮よりも年上であるという以外に特別な理由は何もない。前著『ブッダと法然』もその原則に従っており、今回も同様であることを断っておく。

＊

【凡例】

（一）歴史的 Buddha、すなわち釈迦牟尼《しゃかむに》（＝ガウタマ・シッダールタ／ゴータマ・シッダッタ）仏は「ブッダ」とカタカナ表記し、その他の Buddha は「仏」と漢字表記する（原典引用中は除く）。ただし慣用表現は、「ブッダの滅後」ではなく「仏滅後」等と漢字で表記する。

（二）インド語を出す必要がある場合は、dharma/dhamma のように、Sanskrit/Pali の順とする。

（三）原典の引用は、わかり易さを優先し、原則として原文ではなく現代語訳を載せた。その際、法然の引用に関しては、浄土宗総合研究所［2013］、知恩院浄土宗学研究所編集委員会［2010］、髙橋弘次［2001］などを、また日蓮の引用に関しては、渡辺宝陽・小松邦彰［2011］などを参照したが、そのままの引用でないことを断っておく。

南無阿弥陀仏と南無妙法蓮華経　目次

序章　法然vs.日蓮——生涯と思想形成

鎌倉期以前の仏教

仏滅後、インドに起源を持つ仏教はアジアの全域を席巻する宗教となったが、その経路は、インドからスリランカ・タイ・ビルマへと伝播した南伝の系統と、中央アジアを経て中国・チベットに伝播した北伝の系統の二つに大別できる。このうち、日本仏教は北伝に属し、中国から朝鮮半島を経由して、中国的に変容した仏教は六世紀中頃に日本に伝播した。その後、国家の主導・管理のもと、土着の宗教（古神道）と混淆しながら、日本に根を下ろしていく。

六世紀後半、蘇我《そが》氏と物部《もののべ》氏の崇仏廃仏論争の結果、崇仏の立場を取る蘇我馬子《うまこ》が勝利したことで、仏教は日本に根づくきっかけを得た。大化改新での蘇我氏の失脚後、即位した孝徳天皇や天智天皇は国立寺院を建立し、国家として仏教儀礼を挙行。持統天皇は、新たな政治制度を支える宗教として神祇祭祀とともに仏教を選択したため、国家と仏教の結びつきはますます強化された。

奈良時代になると、国家は「僧尼令《そうにりょう》」によって僧尼を再生産する得度《とくど》・受戒制度を整備し、中央に大寺、地方に国分寺という全国的寺院網も創設した。こうして、国家が仏教を管理・統括し、護国という国家目的に奉仕させる体制が確立し、また当時の仏教の正統性を検証するための教学を保全するため、国家主導で南都六宗《なんとろくしゅう》が組織された。

つづく平安時代には、唐で学んだ最澄《さいちょう》と空海《くうかい》が勅許を得て、それぞれ天台宗と真言宗をあらたに開宗した。こうして南都六宗に天台宗と真言宗とを加えた八宗が体制側の仏教として確立され、鎮護国家（仏教によって国を守護すること）の役割が仏教に期待されることになる。

仏教は多様な展開を遂げたため、とくに中国仏教以降はブッダの教えをさまざまな観点から分類してきたが、その一つに「顕教（言葉で明らかに説示された教え）／密教（言葉では明らかに説示されない秘密の教え）」という分類法がある。

これに従えば、真言宗は密教、それ以外は顕教になるが、最澄は天台宗に密教も取り入れ、とくに最澄の後継者である円仁《えんにん》や円珍《えんちん》らは入唐して中国の密教を天台宗に伝えたので、日本の天台宗で伝える密教を台密《たいみつ》（一方、空海の伝える密教は「東密」）という。この天台宗の密教化は後に日蓮によって厳しく指弾されるが、このような中世の仏教を総称して「顕密仏教」と呼ぶ。

さて、古代の律令体制は一〇世紀頃には崩壊しており、緊縮財政のもと、国家は小さな国家となって、仏教を厳しく管理する政策から大幅な自由を与える政策に転換した。これにより、顕密仏教は自由とともに大きな自己責任をも抱え込み、財政的基盤も失ったことで、経済的に自立する必要があった。このような状況下、顕密仏教が生き残りをかけてとった方策を二つ紹介する。

一つは、国家権力との関係を維持するために考案した「王法仏法相依論《おうほうぶっぽうそうえろん》」。「王法（政治）と仏法（宗教）は車の両輪のごとく、相互に補完し合う関係にある」として国家にすり寄り、皇親や貴族の子弟を積極的に受け入れた。これにより、出世間《しゅっせけん》であるはずの僧侶の世界は世間以上に俗世間となり、出世でも彼らが優遇されることになる。

もう一つは、経済的基盤を安定させるための荘園経営だ。律令制度は公地公民を原則とし、土地制度の根幹として班田収授法が始まったが、人口の増加などで口分田《くぶんでん》が不足し、墾田開発を奨励するために三世一身法《さんぜいっしんほう》が施行された。これは土地公有の原則を破るものだったが、期待された効果はなく、国家はついに墾田永年私財法を発令した。これにより土地公有の原則は完全に崩壊し、有力な寺院は競って土地開発に乗り出し、荘園が誕生することになった（末木文美士［2010b］）。

末法という時代的危機意識

当時の仏教は、社会レベルでは鎮護国家としての役割が期待されたが、個人レベルでは後生《ごしょう》（来世）への不安を取り除くことが望まれた。とくに貴族たちは自らの後生を仏教に託したが、その背景には末法という時代的危機意識とそれに応える浄土教の隆盛があった。末法とは仏教独自の下降的歴史観であり、時代が下るにつれて世の中が退廃するという考え方に基づき、つぎのような三つの段階が想定される。

（一）正法《しょうぼう》：正しい教えが存在し（教）、それを実践する人が存在し（行）、その結果、覚りを開く人がいる（証）時代　↓　教＋行＋証

（二）像法《ぞうぼう》：正しい教えが存在し（教）、それを実践する人は存在するが（行）、覚りを開く人がいない時代　↓　教＋行

（三）末法：正しい教えのみが存在し（教）、それを実践する人も覚りを開く人もいない時代　↓　教のみ

日本では一〇五二年が末法元年にあたり、末法は一万年続くと信じられたため、平安末期より、貴族たちを中心に当時の人々は後生の安楽を希求し、その救いを浄土教に求めた。浄土教とは、端的に言えば「阿弥陀仏の構える浄土（極楽）に念仏して往生することを説く教え」である。法然が浄土宗を開宗する前から、顕密仏教はそれぞれ独自に解釈された浄土教を展開し、念仏の位置づけや内容・実践方法は多種多様であった。

念仏は「仏を念ずること」を意味し、インドに起源を持つ行だった。本来、念仏は仏の諸徳（抽象的）を念ずることだったが、やがて仏の姿形を念ずることも念仏であると理解された。さらに中国浄土教の大成者である、善導《ぜんどう》の「念＝声《しょう》（称）」という独自の解釈により、念仏とは「称名念仏《しょうみょう》（「南無阿弥陀仏」と声に出して称えること）」を意味するようになるので、これと区別して従来の「仏の姿形を念ずる念仏」を「観想念仏」と呼ぶ。

称名念仏は口に南無阿弥陀仏と称えるだけなので〝易行〟だが、仏の具体的な姿形を心に思い浮かべる観想念仏は精神の集中を必要とするので〝難行〟とされ、称名念仏は観想念仏の「導入的な行」と考えられていた。つまり、称名念仏は凡夫《ぼんぶ》（解脱とは無縁の存在／機根（能力）の劣った者）でも実践できるが、その分〝価値の低い行〟と見なされていた。

法然の生涯

このような時代を背景に、法然は美作国《みまさかのくに》久米南条（岡山県久米郡久米南町）に誕生する。一一三三年四月七日、漆間《うるま》時国《ときくに》を父とし、秦氏出身の女性を母として生まれ、「勢《せい》至《し》丸《まる》」と命名された。時国は地方豪族で、押領使《おうりょうし》（地域の治安維持役）だったが、荘園領主に代わって現地で荘園経営にあたっていた預所《あずかりどころ》の明石定明の夜襲に遭い、法然が九歳のとき、時国は殺されてしまった。

時国は臨終の床に法然を呼び寄せ、「決して敵を恨むな。これも前世の報いだ。お前が敵を恨めば、その怨みは代々にわたっても尽きがたい。はやく出家して私の菩提を弔い、お前自身も解脱を求めよ」と遺言した。そこで、法然は実家の近くにある那岐山《なぎさん》の菩提寺の住職をしていた叔父（母の弟）の観覚《かんがく》に引き取られる。

観覚は、当時の仏教総合大学ともいうべき比叡山に法然を送った。一五歳（一三歳の説もある）のときに法然は比叡山に登り、観覚と旧知の仲であった源光《げんこう》に委ねられたが、源光は法然の非凡な才能に気づき、学僧の皇円《こうえん》に法然を託した。ここで法然は剃髪し、比叡山東塔にある戒壇院で受戒すると、正式な出家者となる。

当時の比叡山は世俗化していたので、法然は一八歳で遁世《とんせ》（寺の組織から離れること）し、比叡山西塔の黒谷《くろだに》に移り住むと、そこで授戒の師である叡空《えいくう》の指導を受けた。一八歳で遁世してから四三歳で回心《えしん》するまでの二五年間、法然は黒谷に引きこもる。この間、経蔵《きょうぞう》で一切経を読んで修行を重ね、四三歳のとき、善導の『観経疏《かんぎょうしょ》』（観無量寿経《かんむりょうじゅきょう》の注釈書）の一節に出会って、法然はついに回心した。この一一七五年の回心をもって「浄土開宗」とされるが、この時点で彼の教義が体系的に組織されたのではなく、教団が組織されたのでもない。

その後、法然は比叡山を下りて吉水《よしみず》に移り住み、庵を訪ねる者に念仏を勧めたり、自ら念仏の行に励んでいた。そんな中、当時、大原に籠居していた天台宗の顕真《けんしん》は、世間の注目を浴びつつあった五四歳の法然を大原の勝林院に招き、当時の一流の学僧たち三〇名以上と議論を闘わせる機会を設けると、法然は見事に勝利を収め、当時の仏教界で法然の名声は一挙に高まった。これを大原問答という。

後に関白となる九条兼実《くじょうかねざね》の帰依を受け、公家や貴族の間に法然の教えは広まったが、平重衡《たいらのしげひら》や熊谷直実《くまがいなおざね》などの武士や庶民など、幅広い層の人びとに受け入れられ、新たな信者を獲得した。この九条兼実の懇請で、一一九八年に法然は主著『選択本願念仏集《せんちゃくほんがんねんぶつしゅう》』（以下『選択集』）を著した。

念仏往生の教えは、誤解されれば悪を助長する怖れもあり、また実際にそのような行動をとる者もいたため、顕密仏教の僧侶たちは専修《せんじゅ》念仏の停止《ちょうじ》を天台座主《ざす》の真性《しんしょう》に訴えた。これに対し法然は「七箇条制誡《しちかじょうせいかい》」を示し、門弟たちに問題行動の自粛を求めた。これを「元久《げんきゅう》の法難」という。

また南都（奈良）の興福寺の僧侶たちは、「興福寺奏状」で法然の教えの過失を九ヶ条にわたって指摘し、朝廷に専修念仏禁止を訴えたが、専修念仏は禁止されなかった。しかしその後、後鳥羽上皇の留守中、上皇の女官が法然の門弟の安楽《あんらく》と住蓮《じゅうれん》が称える節付きの経文に魅了され、無許可で出家したことで、上皇の怒りをかって安楽と住蓮は死罪、法然は流刑となって、土佐に配流の宣旨が下った。一二〇七年、法然七五歳のときである。これを「建永《けんえい》の法難」という。

同じ年、しばらくして赦免の宣旨が下り、法然は四国から本州に戻ったが、入洛は禁じられ、その間は摂津国の勝尾寺《かつおうじ》（大阪府箕面市）に留まった。入洛が許されたのはその四年後であり、法然が七九歳のときであった。帰京をはたした法然は、翌年の一二一二年の正月二五日、往生の素懐を遂げた。しかし死してもなお、旧仏教側からの弾圧は続き、法然の墓が暴かれるという「嘉禄《かろく》の法難」にも遭ったが、最終的には西山粟生野《せいざんあおの》で荼毘《だび》に付された。

日蓮の生涯

一二一二年に法然が亡くなってからちょうど一〇年後の一二二二年二月一六日、日蓮は安房国長狭《あわのくにながさ》郡東条郷片海（千葉県鴨川市小湊）に「海人《あま》が子」として誕生し、薬王丸と名づけられた。父の名前については諸説あり、母は梅菊と言われているが、一説によれば、海人とはいっても文筆能力を併せ持った有力漁民の出自と考えられており、荘官的な海人の家に生まれたので、教育に対する意識は高く、一二歳のとき故郷の清澄寺《せいちょうじ》に登り、一六歳で出家した。

幼少時から探求心が強かった日蓮だが、清澄寺は彼の探求心を満足させることができず、一八歳にして清澄寺を去り、遊学することを決める。このとき彼が選んだ遊学先は鎌倉であった。鎌倉遊学後、一旦は故郷に戻るが、出家時の所願「日本第一の智者」たらんことを果たすべく、求道に燃える日蓮は京畿を中心に、一〇年にも及ぶ研鑽を重ね、比叡山での天台教学に加え、真言密教や儒教も学んだ。

その後、故郷の清澄寺に戻ると、三二歳で法華《ほっけ》信仰を説き始め（立教開宗）、浄土教を批判したので、東条の地頭で浄土教の信者であった東条景信《とうじょうかげのぶ》の武力を恐れ、師の道善房は日蓮を清澄寺から追放せざるをえなかった。

追放された日蓮はふたたび鎌倉を訪れ、松葉ヶ谷《やつ》に草庵を構えて『立正安国論《りっしょうあんこくろん》』を著すと、それを前執権である北条時頼に上呈したが黙殺され、草庵は浄土教信者に焼き打ちされた（松葉ヶ谷法難）。さらに翌年には伊豆への流罪に処せられた。これが公権力による最初の弾圧（伊豆法難）である。二年で流罪が許され、故郷で新たに布教活動を行ったが、東条景信が日蓮を襲撃する事件が起きた。これを「小松原法難」という。

法難はさらに続く。一二七一年、旱天が続いたため、真言律宗の忍性《にんしょう》は幕府に祈雨を任された。しかし祈禱に失敗し、それを日蓮が批判したため、忍性は日蓮を幕府に讒言した。これがきっかけで日蓮は佐渡への流罪を言い渡されるが、佐渡へ向かう前に竜口《たつのくち》（現在の江ノ島あたりにあった刑場）で頸を斬られそうになった。これを「竜口法難」という。ここで奇跡が起き（後述）、からくも斬首を免れた日蓮は佐渡島に送られ、寒さと飢えの厳しい生活を強いられる流謫の生活が始まったが、まさにこの過酷な環境の二年半こそ、日蓮の思想や教学をさらに深化させることになる。

日蓮が流罪を解かれ、鎌倉に帰還したのは、一二七四年、五三歳のときであった。日蓮は国家に三度目となる諫暁《かんぎょう》（信仰の誤りをただすこと）を申し入れたが、これも受け入れられず、身延山《みのぶさん》（山梨県南巨摩郡。現在、日蓮宗の総本山久遠寺の所在地）に赴いた。それ以降、日蓮は体制志向者から反体制者へと態度を変容させていく。

一二七九年には、駿河国富士郡熱原《あつはら》（静岡県富士市厚原）で日蓮の門弟に弾圧が加えられ、信徒二〇名が幕府に捕らえられると、そのうち三名が斬首された。これを「熱原法難」と言うが、この法難でも、日蓮は体制側と真正面から対峙する姿勢を示した。

小松原法難以降、さまざまな法難を経験した心労も重なってか、日蓮は一二七七年歳末から下痢に悩まされはじめ、以降は長患いと回復とを繰り返したが、一二八二年秋に湯治のため、常陸の湯に向かった。身延山入山以来、このときはじめて日蓮は山を下りたのである。しかし日蓮の病は回復することなく、翌月の一〇月一三日、六一歳のとき、旅の途中に立ち寄った武蔵国池上の信者の館（東京都大田区池上。現在、日蓮宗大本山池上本門寺の所在地）で、日蓮は激動の人生を終えた（佐々木馨［2004］）。

出家・師匠・法難・流罪・誕生日

ではまず、二人の生涯を比べてみよう。最初は出家の動機から。法然は明石定明の夜襲によって父を殺され、その際の父の遺言が出家の動機となった。明石定明からすれば、息子を残しておくと逆に敵討ちされる恐れがあるので、一家皆殺しが望ましく、法然も定明に命を狙われる可能性があった。よって法然は自らの身を隠すために、出家したとも考えられる。

一方、これとは別の伝承も存在する。『醍醐本法然上人伝記』「別伝記」の記述に信憑性を認める梅原猛［2000］は、押領使であった父の時国が土地を巡っての争いで恨みをかい、自分が暗殺されることをあらかじめ察知して、法然を出家させたので、出家が先で父の暗殺が後と考える。そして出家（一五歳）後間もなく、両親の死亡を知らされた法然は、それによって心を痛め、黒谷に遁世した（一八歳）と推定するが、いずれにせよ、法然の出家には「父の死」という暗い影が見え隠れする。

では、日蓮はどうか。『妙法尼御前御返事《みょうほうあまごぜんごへんじ》』によれば、日蓮は無常感を感じて出家したことになるが、「日本第一の智者になるため」とする、希望あふれる真情の吐露も見られるので、そこに暗いイメージは微塵もない。向学に燃える前途洋々たる日蓮の姿があるばかりで、法然とは極めて対照的だ。

つぎに共通点。二人ともそれぞれ師匠はいたが、それは二人の魂を揺さぶる、真の意味での面授の師匠ではない。よって宗教的な回心を得るには、文献を通して歴史的な人物と出会わなければならなかった。比叡山の教学には教相（文献の実証的側面）を重視する立場と、観心（口伝や宗教的体験）を重視する立場の二つの伝統があったが、二人とも前者の立場に立ち、歴史的偉人と対峙した。法然は日本天台宗の源信《げんしん》や中国の浄土教家・善導、日蓮は日本天台宗の開祖・最澄や、中国天台宗の祖・智顗《ちぎ》である。

またつぎの共通点は、二人とも数々の法難を経験したことだ。法然は「元久の法難／建永の法難／嘉禄の法難」、日蓮は「松葉ヶ谷法難／伊豆法難／小松原法難／竜口法難」（四大法難）を経験し、その時々の体制者（権力者）側から過酷な弾圧を受けた。しかし同じ法難でも、法然と日蓮が活躍した時代には一〇〇年近い開きがあり、体制者側から弾圧されていた法然教団も日蓮の時代には体制者側にまわり（後述）、日蓮教団を弾圧していたことを忘れてはならない。

また流罪については、共通点と相違点が見られる。両者とも流罪に処せられたのは同じだが、その流罪の持つ意味は大いに異なる。法然の場合、流罪の地は土佐であったが、実際は讃岐に留まり、また讃岐では九条兼実の知人が法然を手厚く保護した。一方、日蓮は伊豆と佐渡に流され、厳しい生活を余儀なくされた。このように、流罪の地での生活には大きな違いが見られる。

またそこでの生活が思想形成に与えた影響も大きく異なる。法然の場合、流罪の時期は人生の最晩年（七五歳）であり、すでにその思想は確立していたが、日蓮の場合は佐渡流罪も五〇代の前半であったから、まだまだ思想形成の途上であり、実際に日蓮の思想はこの流罪を機に大きく変化しており、その思想は一般に「佐前佐後《さぜんさご》」という用語で語られるように、とくに佐渡流罪によって深化し確立したと言うことができる。このように、同じ流罪でもその影響力は大きく異なっていた。

最後に二人の誕生日について、一言しておこう。法然の誕生日は四月七日で、日蓮の誕生日は二月一六日。何の変哲もない日付に見えるが、ブッダの誕生日が四月八日で、入滅日が二月一五日であることを考えると、何か意味のある日付に見えてこないだろうか。法然はブッダ誕生の一日前、また日蓮はブッダ入滅の一日後に生まれたことになり、暦は違うが、その意図性を考えざるを得ない。伝記は史実を反映していることもあるが、門弟たちの思惑が反映され、改変されることもある。

実際の誕生日がそうだった可能性は否定できないが、たとえば日蓮はブッダの生まれ変わりである、という意図のもとに伝記作者は日蓮の誕生日を改変した可能性もある。偉人は歴史を作るが、同時に偉人は歴史によっても作られるのだ。

法然の思想形成——念仏の絶対化

何人《なんぴと》の思想も時間の経過とともに変遷し、生まれてから死ぬまで同一の思想を抱きつづけることはまずない。法然も日蓮も、鎌倉期のみならず、日本の思想史に大きな足跡を残したが、その思想は一気に形成され、生涯にわたって不変というわけではなかった。思想の変遷の区切り方は、見る人によって異なるが、ここでは両者の思想を三期に分け、その思想形成の変遷を辿ってみよう。

法然の思想形成については、大橋俊雄《しゅんのう》［1971］を参考に、（一）天台的浄土教受容期（源信の影響）、（二）本願念仏確立期（善導の影響）、（三）選択本願念仏確立期（法然独自の浄土教確立）の三期に分けて整理する。大橋はこの三期の分類を学（学問）と行（念仏）という観点から説明（すなわち、学問重視〔第一期〕から学と行の併修〔第二期〕、そして念仏重視〔第三期〕へと移行）するが、ここでは「念仏観の深まり」という視点から整理する。

天台浄土教および源信の『往生要集《おうじょうようしゅう》』に説かれる浄土教、とくに念仏は、どのように考えられていたのか。一言で言えば、称名念仏よりは観想念仏が重視され、また極楽に往生するための行も、念仏は諸行のうちの一つに位置づけられ、念仏だけが極楽往生の特別な行というわけではなかった。つまり、称名念仏は「易行だが劣行・初心者向けの行」と見なされていたので、念仏に独立性はなく、諸行の補助を得てようやく独り立ちできる程度の位置づけしか与えられていなかったのである。

とはいえ、法然がまず天台浄土教や源信の『往生要集』に触れ、本格的な浄土教を学ぶ機会を持ったことは重要だった。とくに源信の『往生要集』を通して善導の『観経疏』と出逢ったことは、後の法然の思想形成に大きな影響を与えた。これが第一期である。

論書は自らの主張を補強するために、それ以前の経典や論書から引用するのが常であり、『往生要集』にも膨大な仏典の引用がある。源信は天台宗の僧侶であるから、中国の天台大師智顗の典籍を多く引用するが、善導の論書も引用するので、『往生要集』が善導と法然の仲介役を果たすことになった。

こうして法然の関心は源信から善導に移行するが、これが第二期である。そして四三歳の時、経蔵に籠もって一切経を読誦《どくじゅ》する中、善導の『観経疏』の一節「一心専念弥陀名号行住坐臥不問時節久近念念不捨者是名正定之業順彼仏願故（一心に専ら阿弥陀仏の名号を称えて、何時いかなることをしていても、時間の長短にかかわらず、常に称え続けてやめないこと、これを正定業《しょうじょうごう》〔往生が正しく定まっている業〕という。それは阿弥陀仏の本願の意趣に適っているから）」に出逢って回心した。

法然は後に自分の立場を「偏依善導一師《へんねぜんどういっし》（偏《ひとえ》に善導一師に依る）」とし、善導に対する絶対帰依を表明するが、法然はこの『観経疏』の一節に救いを見出し、自らの立場とした。念仏は「数あるうちの一つの行」ではなく、「阿弥陀仏の本願に適った正定業」と理解し、念仏を特別な行と見なした。これを「本願念仏」という。しかし法然の念仏観はこれで終わらない。

法然はこの善導の本願念仏をさらに深化させ、「選択本願念仏」に逢着した。これが最後の第三期である。つまり、本願念仏は極楽往生の行として阿弥陀仏が選択された唯一の行であると理解し、これに基づいて『選択集』を撰述したのである。では「本願念仏」と「選択本願念仏」はどう違うのか。

善導の本願念仏は「念仏は阿弥陀仏の本願であるから、念仏すれば誰でも往生できる」ことを意味するが、これは念仏以外の行でも往生できる可能性を残す。だが、法然の選択本願念仏は、「念仏は阿弥陀仏が選ばれた唯一の本願であるから、念仏以外では往生できない」ことを意味するので（平雅行［2001］）、念仏以外の行による往生の可能性は事実上否定され、結果として念仏が特別視される。ここが両者の大きな違いだ。最後に法然は善導を越え、善導以上に念仏を絶対化した。

日蓮の思想形成──流罪と法華至上主義

日蓮の思想形成において佐渡流罪は決定的だった。日蓮自身、『三沢鈔《みさわしょう》』で「〔私が〕佐渡の国に流される以前に〔申し述べた〕法門（教え）は、ただ〔法華経以前に説かれた〕経典と同じ（＝仮の教え）と思っていただきたい」と述べ、また佐渡流罪中に著された『開目抄《かいもくしょう》』では「日蓮という者は去年九月一二日の夜中に首を刎ねられた〔竜口法難〕。日蓮の魂魄は佐渡の国に至って（後略）」と述べているからである。この記述は「死と再生」を意味し、古い日蓮が死に、新たな日蓮が誕生したことを象徴している。よって、佐渡流罪の前後でその思想は決定的な変容を遂げた。

これをさらに細分化すれば、佐前は立教開宗を境に、修学期（一歳～三二歳）と唱題仏教確立期（三二歳～五〇歳）、佐後は佐渡流罪期（五〇歳～五三歳）と身延期（五三歳～六一歳）となるが、観点によって、どの分類を採用するかは異なる。たとえば、国家（体制）との関係で見れば、日蓮は体制志向者（佐前）→体制懐疑者（佐中）→反体制者（佐後）と推移したとされるが（佐々木［2014］）、ここでは法然の念仏観との比較を明確にするために、日蓮の思想の核となる唱題観に焦点を絞り、その思想の変遷を三期に分けてまとめてみよう。

佐前を修学期（一歳～三二歳）と唱題仏教確立期（三二歳～五〇歳）の二期に分け、それに佐後を加えて三期とする。

法然と同じく、日蓮にも立教開宗に至るまでにはさまざまな思想の吸収時期があった。日蓮は道善房を師として天台宗の清澄寺で出家したので、まず日蓮が接した仏教は天台宗および天台教学であった。

その後、日蓮は鎌倉や京畿に遊学し、各地を転々として修学に努めたが、その中でも特筆すべきは密教の修得であろう。若い頃から曼荼羅《まんだら》に関心を懐いていた日蓮は東密や台密の曼荼羅を研究し、また東密や台密の灌頂《かんじょう》をうけていたとも考えられている。こうして日蓮は天台教学に加え、密教の教えにも精通していった。

その日蓮が三二歳にして立教開宗の宣言をするが、この時点でどの程度、法華経至上主義が確立し、また専修唱題の理論が確立していたのだろうか。花野充道［2014］に若干の修正を加え（三浦和浩［2015］）、立教開宗時の日蓮の言動として是認できる点をまとめると、以下の三つとなる。

（一）日蓮は当時、京畿遊学を終えた清澄寺の僧侶として、「天台沙門《しゃもん》（出家修行者）」の自覚に立っていた
（二）日蓮は法華経の行者として、清澄寺の大衆に法華経の題目を唱えることを勧めた
（三）日蓮は清澄寺の大衆に向かって、浄土教を批判した

ただし、この時点では法華経だけが特別視されているわけではない。また唱題思想もその理論化にはまだ至っていないが、日蓮の唱題思想が深化するには佐渡流罪という過酷な環境が必要だった。

佐渡流罪中、日蓮は主著となる『開目抄』と『観心本尊抄《かんじんほんぞんしょう》』とを著している。『開目

抄』は、「人々の目を開く」ことを意味し、「人開顕《にんかいけん》（日蓮が末法の師であると宣言）」の書と言われる。

一方、『観心本尊抄』は「法開顕（末法における救済の大法を明示）」の書と言われるが、この書のポイントは三つある。

一つ目は、末法における衆生《しゅじょう》の救済は「南無妙法蓮華経」という題目を持つことであり、これこそ末法の時代の正法であるということ。二つ目は、諸経に浄土は数多く説かれているが、この娑婆《しゃば》世界こそ、本仏であるブッダの住する浄土であること。そして三つ目は、末法の世に流布すべき本法は妙法五字（妙法蓮華経）であり、流布の正師は日蓮であること。こうして日蓮は法華信仰を理論化し、純粋な意味での法華至上主義を確立したのである。

第一章　念仏vs.唱題——専修一行への道

「専修」の特異性

鎌倉仏教の評価はさまざまだ。かつては「鎌倉〝新〟仏教」と呼ばれ、この〝新〟が示すように、プラスの価値づけがなされてきた。これは、従来の仏教と鎌倉仏教とを比較し、西洋史の手法を駆使して、鎌倉仏教をヨーロッパ中世の「宗教改革」に模して理解しようとする姿勢に基づく。

これに従えば、〝旧〟仏教は堕落した仏教であり、それに反旗を翻した鎌倉仏教の祖師たちが宗教（仏教）改革を行ったことになり、旧仏教は〝悪玉〟で鎌倉新仏教は〝善玉〟という構図になる。現代の日本の仏教徒のほとんどは鎌倉仏教に淵源を持つため、これはじつにわかりやすく、鎌倉仏教側からすれば都合のよい解釈だが、果たして実際はどうだったのか。

仏教伝来当初より、仏教は個人の宗教としてではなく、国家のための宗教、つまり国家仏教として導入された。鎮護国家に代表されるように、悪くいえば国家権力を保持するために利用されてきたのである。ここで重要なのが、しっかりと仏教を担える人材

（出家者）の管理と、当時の仏教の正統性を検証するための教学の保全であった。
前者に関しては、聖武《しょうむ》上皇の時代に鑑真《がんじん》の来朝で正式な授戒が日本に移植され、これにより、国家仏教装置が十全に呪力を発揮する要件が整った。後者については国家主導で組織された南都六宗（三論《さんろん》・成実《じょうじつ》・法相《ほっそう》・倶舎《くしゃ》・華厳《けごん》・律《りつ》）である。これは〝宗派〟というよりは〝学派〟の色彩が濃い。

平安時代に入ると、南都六宗とはタイプの違う宗派、すなわち最澄の天台宗と空海の真言宗が誕生する。国家は仏教を厳しく管理したが、出家者の質を担保すべく、その年に得度（出家）できる人数も制限した。これを「年分度者《ねんぶんどしゃ》」という。これによって、国家は仏教界の腐敗を防ぎ、学問や修行に優れた出家者を育成し登用しようとしたが、ここで頭角を現したのが最澄と空海だった。

この時代の仏教を黒田俊雄［1975］は「顕密仏教」と呼んだ。顕密とは「顕教」と「密教」を意味し、これを以て当時の仏教を総称した。さて、黒田の中世理解はつぎの三点にまとめられる。

（一）権門《けんもん》体制論：天皇が中世の国王であり、国王のもとで公家・武家・寺社の各権門

が相互補完的に国家を構成している。鎌倉幕府は天皇のもとでの一権門とされた
（二）顕密体制論：「旧仏教」とされてきた顕密仏教〈南都六宗・天台宗・真言宗〉が中世仏教の中心であり、「新仏教」は顕密仏教の改革派・異端である
（三）荘園制社会論：権門体制と顕密体制を支えた社会基盤が荘園制である

これに従えば、国家（朝廷）は諸宗の〝共存共栄〟を求めたため、南都六宗に天台宗と真言宗を加えた「八宗」が中世顕密仏教の基本的枠組ということになる。つまり、当時の仏教はこの八宗の複合体からなり、それらがバランスよく調和を保った形で運営される融和主義をとった。

これは、人間の能力が千差万別であり、それぞれの能力に応じて教えも千差万別であるという仏教本来の考え方にも通じるが、このような時代に「専修（この行しかダメ！）」という考え方はきわめて異様であった。しかし、そこに先鞭をつけたのが法然であり、日蓮もこれに続いたが、それゆえにこそ二人は顕密仏教側から弾圧を受けなければならなかったのである。

念仏の系譜（インド・中国・日本）

では、法然が念仏の一行を選択した過程をまとめてみよう。現在、念仏と言えば「南無阿弥陀仏」と声に出して称えることを意味するが、前述したように、念仏とは文字どおり「仏を念ずること」であり、インドの初期仏教に起源を持つ行であった。最初は仏の諸徳を念ずるという抽象的な念仏であったが、少し時代が下ると、仏像の発達も相俟って、「仏の姿形」を念ずるという具体的な念仏もインドに登場した。

一方、「南無阿弥陀仏」と称える行も経典に説かれているが、これは「念仏」ではなく「称名」と言われる。浄土三部経の一つ観無量寿経は人間の能力を九種（上中下〔品〕の人間をさらに上中下〔生〕に分ける）に分け、それぞれの能力に応じた往生の方法を説いている。このうち、その最下層（下品下生《げぼんげしょう》）の人々が往生するための方法を見れば、往生の最低ラインが確認できるが、そこでは「十悪五逆を犯した者でも、臨終に際して、真実の心を発《お》こし、声を絶やさず南無阿弥陀仏と一〇回称えれば一瞬一瞬に八〇億劫《こう》の罪を除去し、極楽に往生する」と説かれる。

このように、念仏と称名は本来的に別々の行だったが、両者を同一視したのが中国唐代の善導であった。彼はそれまでの「念仏と称名」を同一視し、「念仏が称名」と解釈した。これを「念声是一《ねんしょうぜいつ》（念と声〔＝称〕とは是れ一なり）」という。この善導の解釈により、「南無阿弥陀仏」と声に出して称えることを念仏と呼ぶようになった。

だがそうなると、二種類の異なった念仏が存在することになるので、両者を区別するため、仏の姿形を念ずる念仏を「観想念仏」、南無阿弥陀仏と声に出して称える念仏を「称名念仏（あるいは口称《くしょう》念仏）」と呼ぶようになった。

たとえば、先ほどと同じ観無量寿経の下品下生の往生を扱った箇所では、悪業を犯した者が臨終に際し、苦に苛まれて仏を念ずる余裕がないとき、善知識（往生浄土や念仏の教えを説く導き手）は彼に「汝、若し彼の仏を念ずること能《あた》わざれば、応《まさ》に（帰命《きみょう》）無量寿仏と称うべし」と告げる場面がある。これは、念仏と称名の関係を見事に描いている。念仏は実践しがたいが（難）、称名は苦に苛まれていても実践しやすい行（易）であるというわけだ。

日本の浄土教でも源信の『往生要集』は阿弥陀仏を観想する方法を明らかにするが、源信はこれを「色相観《しきそうかん》」と規定し、これに別相観《べっそう》・総相観《そうそう》・雑略観《ぞうりゃく》の三観を立てる。別相観は阿弥陀仏の三十二相八十種好という身体的特徴を対象として観察すること、総相観は三身（法身《ほっしん》・報身《ほうじん》・応身《おうじん》）（後述）一体の身として阿弥陀仏を観想することを意味するので、総相観は別相観より難易度の高い観想ということになる。

だが、別相観さえも凡夫には実践が難しいので、源信は凡夫のために雑略観（難易度の低い観想）を用意するが、それすら実践できない凡夫には、「若し相好を観念するに堪えざる者あれば、或は帰命の想（阿弥陀仏に帰依し、礼拝するという想い）に依り、或は引摂《いんじょう》の想（阿弥陀仏が自分を極楽に連れて行ってくれるという想い）に依り、或は往生の想（浄土に往生するという想い）に依りて、応に一心に称念（＝称名念仏）すべし」と、称名念仏を説いた。このように、両者の優劣は明白であり、法然以前の仏教では称名念仏は価値の低い劣行でしかなかったのである。

法然の「選択思想」という真骨頂

法然が善導の『観経疏』の一節によって回心し、また善導の「本願念仏」をさらに深化させ、「選択本願念仏」を唱えたことはすでに述べたが、この「選択」思想こそ法然の真骨頂である。では『選択集』によりながら、その思想の独創性を考えてみよう。

浄土三部経の一つ無量寿経には、法蔵菩薩が四八の誓願を立て、その誓願を実現するために、長時にわたる修行を重ねて阿弥陀仏になった経緯が説かれるが、その四八の誓願には、往生に関する願が三つある。その内容は、つぎのとおり。

第十八願：至心に信楽《しんぎょう》し、我が国に生まれんと欲して、乃至《ないし》十念す

第十九願：菩提心を発し、諸の功徳《くどく》を修め、至心に願を起こして、我が国に生まれんと欲す

第二十願：我が名号を聞き、念を我が国に係《か》け、諸の徳本を植え、至心に廻向《えこう》する

このように、往生するための方法は種々あるので、往生行を念仏に限定する必要はないが、これについて法然は「勝／劣」と「難／易」でこれに答える。「勝／劣」については、阿弥陀仏の名号はあらゆる功徳が含まれているから（これを「万徳所帰《まんどくしょき》」と言う。後述）、念仏は勝り、諸行は劣るとする。

一方、「難／易」については、「念仏は易きが故に一切に通ず。諸行は難きが故に諸機に通ぜず。然れば則ち一切衆生をして、平等に往生せしめんが為に難を捨て易を取りて本願としたまうか」とし、造像起塔《ぞうぞうきとう》を往生の条件にすれば、貧しい人は往生できず、智慧高才を往生の条件にすれば、愚鈍下智の者は往生の望みが絶たれるので、「法蔵比《び》

丘《く》の昔、平等の慈悲に催されて、普《あまね》く一切を摂せんがために（中略）唯だ称名念仏の一行を以て、その本願としたまえる」と法然は理解する。

法然は「皆が平等に救われる道」をとことん追求したが、そこから推論すれば、その行は「易」でなければならないが、易しさは往生を担保するものではない。「易かろう、悪かろう」では往生は叶わない。そこに「勝（＝確実に往生できる）」という質の保証が伴ってはじめて「往生行」たりうる。法然はその易行の念仏を「阿弥陀仏が特別に選択された勝行」と再解釈した。

念仏のアイデンティティ変更

これ以外にも法然は浄土三部経等によりながら、阿弥陀仏のみならず、ブッダや諸仏も心を同じくして念仏を選択したと解釈し（全部で八種の選択）、念仏の選択に普遍性を持たせようとした。これに基づき、法然は『選択集』の最終章でこう述べる。

速かに迷いの境涯を離れたいと願うなら、二種の勝れた法門の中で、しばらく聖道《しょうどう》門を閣《さしお》いて、浄土門を選んでそれに入れ。浄土門に入ろうと願うなら、正行《しょうぎょう》と雑行《ぞうぎょう》の二行の中で、しばらく諸々の雑行を抛《なげう》って、正行を選んでそれに帰せよ。正行を行おうと願うなら、正定業と助業《じょごう》の中で、なおも助業を傍らに置き、正定業を選んでそれをひたすら行え。正定業とは、すなわち仏名を称することである。〔阿弥陀仏の〕名を称すれば、必ず往生できる。その理由は仏の本願によるからだ。

これは『選択集』全体を簡略に示しているので「略選択」とも呼ばれる。まず「第一の選び」は、『選択集』第一章に基づく。隋・唐時代の浄土教家・道綽《どうしゃく》の教相判釈《きょうそうはんじゃく》によりつつ仏教全体を聖道門と浄土門とに分け、このうち聖道門（難行／自力）を捨てて浄土門（易行／他力）を選ぶ。聖道門が捨てられる理由は二つ。一つは仏滅後かなりの時間が経っていること、もう一つはその教えが深遠で難解なことである。

この二つの理由から、聖道門では末法の凡夫が覚りを開けないと法然は判断する。法然は末法という時代（時）とそこに住まう人間凡夫（機）を凝視し、末法の世に凡夫でも覚りとつながる時機相応の教えを模索した結果、浄土門にその答えを見出した。

「第二の選び」は、『選択集』第二章に基づき、善導の『観経疏』によりながら、雑行を捨てて正行に帰すべきことを説く。正行とは、①浄土三部経を読誦し、②阿弥陀仏を観察し、③阿弥陀仏を礼拝し、④阿弥陀仏の名を称え、⑤阿弥陀仏を讃歎し供養することをいう。雑行とはそれ以外の行をいう。ここでは五つの正行が選ばれるが、このうち第四の称名正行が正定業であり、その他の四つは助業（称名念仏を補助する業）とされる。

最後の「第三の選び」は、『選択集』第三章によりながら、五種正行のうち、助業を捨てて正定の業である称名念仏を選ぶ。これがもっとも重要な選びであることは言うまでもない。

このように、第一の選びは道綽の解釈、第二の選びは善導の解釈、そして第三の選びは阿弥陀仏の選択に基づく。この三重の選択により、法然は末法の世に住まう凡夫が往生できる唯一の行として「称名念仏」を選びとった。

こうして、念仏のアイデンティティ（存立基盤）は法然によって変更され、念仏観は大きく変容した。これにより、数ある修行の一つである念仏（one of them）は、阿弥陀仏が選択し、本願で往生を約束した唯一の念仏（the only one）となる。法然は念仏に「阿弥陀仏の選択」という〝新たな価値〟を付与して従来の念仏観を根本的に変容させたのである。

中国における唱題

インドに起源があるかどうかは不明だが、「南無阿弥陀仏」と称える称名念仏のルーツが観無量寿経にあることはすでに指摘した。では「南無妙法蓮華経」と唱える唱題はどうか。法華経を読めば、当然のことながら法華経を受持することの功徳は説かれているが、「南無妙法蓮華経」と声に出して唱える行は説かれていないし、他のインド仏典にも唱題の痕跡はなさそうである。そこで、中国仏教に目を転じてみよう。

智顗の『法華《ほっけ》三昧懺儀《ざんまいせんぎ》』には、唱題と思しき用例が確認できる。この書は法華経に基づく三昧の行法を具体的に説いたもので、普賢菩薩《ふげんぼさつ》を感得することを目的とする（ロバート・ローズ［1987］）。そこには「一心奉請《ぶじょう》南無妙法蓮華経中普賢菩薩等一切諸大菩薩摩《ま》訶薩《かさつ》（中略）一心奉請南無妙法蓮華経中舎利弗《しゃりほつ》等一切諸大声聞《しょうもん》」と説かれている。

「奉請」とは、道場に仏菩薩等を「招き入れる」ことを意味する。傍線部に注目すると、唱題と同じ表現が見られるが、これは、唱題のように「妙法蓮華経に南無（帰依）する」のではなく、「妙法蓮華経の中で〔説かれている〕普賢菩薩等の一切の諸大菩薩摩訶薩（あるいは、舎利弗等の一切の諸大声聞）に南無する」というのであるから、これを唱題の起源と見なすことはできない。

しかし、同じ『法華三昧懺儀』の別の箇所には、「三偏称（三回称えよ）」と前置きして、「南無十方《じっぽう》仏　南無十方法　南無十方僧　南無釈迦牟尼仏　南無多宝仏　南無釈迦牟尼分身仏　南無妙法蓮花経　南無文珠師利菩薩　南無普賢菩薩」とある（「南無大乗妙法蓮華経」の用例もある）。仏と菩薩の間に経典名が挟まるという奇妙な構造ではあるが、唱題の起源と思われる用例である。ただし、ここでは「南無妙法蓮華経」自体が特別視されているわけではない。

日本における唱題

日本仏教に目を転じると、平安時代より唱題の原型らしきものが確認できる。ここでは高木豊［1973］の研究によりながら、日蓮に先立つ唱題の用例を紹介しよう。

まず日本最古の用例は、菅原道真が八八一年に草した「吉祥院法華会《きっしょういんほっけえ》願文《がんもん》」に見られる。道真は観音像を新造して観音の讃仰と法華経の講義を行い、その由来が願文に記されているが、願文の末尾には「南無観世音菩薩　南無妙法蓮華経　如所説如所誓　引導弟子之考妣《こうひ》　速証大菩提果（後略）」とある。これは道真が亡き両親の菩提の速やかな証得を祈請したもので、唱題最古の用例と見られる。確かに「南無妙法蓮華経」の七文字は見られるが、これが声に出して唱えられた（唱題）かどうかは不明。

また一〇世紀末の用例として、覚超《かくちょう》の『修善講式』がある。講式とは本来、法会・法要を行う際の儀式の次第を文章化したもので、時代が下がると、音楽性などの要素が付加され声明的な要素も持つ。ここに「南无（無）大恩教主尺迦大師七反打 南无一乗妙法蓮花経七反打（後略）」とあり、「七反打（七回唱える）」と注記されているので、唱題したことは明らかである。

さらには、源信の『空観』（捨悪招善の方法として空観を修することを勧めた書）の末尾で、「南無阿弥陀仏・南無妙法蓮華経・南無観世音菩薩」と唱えて帰依し、往生を願うことを示している。

他にも多数の用例が確認できるが、最後に、唱題が「易行」であることを示す用例を紹介する。法然は念仏を誰でも実践できる易行と位置づけ、日蓮も唱題を易行と見なすが、唱題の易行性は日蓮以前にその萌芽が見られる。

鴨長明撰『発心集《ほっしんしゅう》』七八「中将雅通持法花経往生事《ちゅうじょうまさみちほけきょうをたもちおうじょうのこと》」には、智者がわが子を仏法に結縁《けちえん》させるために、口がきけるようになれば、まず唱題から教えはじめ、さらに一句ずつ口うつしに一章一経と教えていった話が見られる。つまり易しい唱題から難しい誦《じゅ》経《きょう》へとレベルを上げていくことを伝えている。唱題が、幼児にとどまらず、末法濁世《じょくせ》に生きる、学識の乏しい庶民層にとっての宗教的行為と見なされることは充分に可能だろう。

また念仏との対比で重要なのが、臨終唱題だ。最澄作と伝えられる『修禅寺相伝私注』には、「臨終の時に南無妙法蓮華経と唱えれば、妙法の三力の功により、速やかに菩提を成じ、（中略）故に臨終の行者は法華の首題を唱えるべきである」とあり、臨終時の行となっていたことがわかるが、念仏ほどには普及しなかった。

以上をまとめると、つぎのとおり。日蓮以前にも唱題の先例はあったが、「南無妙法蓮華経」以外にも、「南無一乗妙法蓮華経（「南無平等大慧一乗妙法蓮華経」の用例もある）」などがあり、唱題の形式は一定していなかった。一方、唱題は誦経の初歩的段階、誦経以前の宗教的行為として幼稚・愚鈍の劣機に相応する行と考えられ、また念仏ほどではなかったが、臨終の行としても理解されていた。

唱題のアイデンティティ変更

このように、唱題はインドに起源はないものの、中国天台にその萌芽が見られ、また日本では平安期以降、行としての地位を確立しつつあったので、唱題自体は日蓮の独創ではない。しかし、法然が従来からあった念仏のアイデンティティを変えたように、日蓮も従来の唱題のアイデンティティを変更し、唱題に新たな命を吹き込み、末法に通じる唯一の勝行として甦らせた。では、新たな唱題論はいかなる解釈に基づいて可能となったのか。間宮啓壬《けいじん》［2014］に基づき、紹介しよう。

日蓮が〝法華経の究極の法門〟と見なしたものに「一念三千」がある。この表現自体は法華経にはなく、智顗の思想に基づくものだ。一念三千とは「凡夫の一念（一瞬の思い）にも三千世間（全宇宙の現象）が備わっている」ことを意味し、煩悩の中にも仏性（仏になる可能性）があるとすることで、人々が成仏できる根拠（救済原理）を示す。智顗が仏の境界をめざして完成させたのが一念三千に思念をこらす修行（止観行《しかんぎょう》）だが、日蓮はこれを「法華経の珠」と捉えて発展させた。

一念三千は衆生を含む全世界を貫く理でありながら、末法の衆生の側からは決して把握できない世界であり、超越的領域にある仏の境界といえる。しかし日蓮は、そのような超越的領分が、文字を媒介として法華経のすべてを包摂するものとして仏の側からわれわれに示されているもの、それが「妙法蓮華経」という五文字であると主張する。それこそが、すなわち「題目」であり、仏は衆生が「南無」すべき客体として「妙法蓮華経」の五文字を衆生に差し出したと捉える。佐渡流罪期に記された『観心本尊抄』には、つぎのように記されている。

一念三千を識らない者に、〔釈迦牟尼〕仏は大いなる慈悲を起こし、〔妙法蓮華経という〕五字の中にこの珠（一念三千）を包み、末代の未熟な衆生の首に懸けてくださったのである。

仏の大慈悲によって差し出された「妙法蓮華経」の五字を受持（＝唱題）すれば、衆生は一念三千という仏の功徳を自然に譲り与えられることになると日蓮は考える。唱題は法華経に信を置くことの端的な表明であると同時に、功徳において仏と衆生を同等にし、唱題を通して即身成仏、すなわちその身のままで成仏が達成されると日蓮は解釈した。ここに日蓮独自の題目論が確認される。

最後に日蓮の唱題論の特徴として、「末法」あるいは「末法の劣機（凡夫）」が意識されている点を指摘しておこう。たとえば『上野殿御返事』で、「今は末法に入ったので、他の経も法華経も無意味である。ただ南無妙法蓮華経あるのみ。（中略）この南無妙法蓮華経に他のことを交えることは、大いなる間違いである」と説き、末法では法華経さえも不要であり、唱題だけでよいとする。

また日蓮は『十章抄』で、「真実の修行として、常に口に唱えるべきは南無妙法蓮華経、心に観ずべきは一念三千の観法である。しかし一念三千の観法は智者の行であるから、今の日本国の在家の者には、ただひたすらに南無妙法蓮華経と唱えさせるべきである。妙法の名を唱えれば、必ず妙法の体と成る功徳が具わるからである」と説く。

こうして日蓮は末法劣機の自覚に立ち、智者の行である一念三千の観法に代わる法華唱題の専修を人々に勧めた（花野［2014］）。結果として法然は念仏の、日蓮は唱題の専修という異なった行にたどり着いたが、その問題意識の近さ、および劣行とされた念仏と唱題のアイデンティティを変更し、末法の勝行に格上げした点は共通する。

念仏無間・禅天魔・真言亡国・律国賊

日蓮は諸経の中でも法華経を特別視した。法華経所説の究極の法門は一念三千だが、それは「妙法蓮華経」の五字に包摂されていると解釈し、われわれがなすべきは、ただ唱題でよいとした。とすれば、法然が念仏を選択して諸行を捨てたように、日蓮も唱題を選択して他を捨てたことになる。これを端的に表すのが「四箇《しか》格言《かくげん》（念仏無間《むけん》・禅天魔・真言亡国・律国賊）」だ。日蓮は「念仏は無間地獄に落ちる業、禅宗は天魔の所為、真言は亡国の悪法、律僧は国賊の妄説」と他宗を厳しく批判した。

確かに諸宗を批判しているが、その真意は何か。これについて、末木［2010a］は興味深い解釈を提示している。結論を先に言えば、日蓮が他宗を否定するようになったのは、他宗・他行が必要ないという教学的な根拠を充分に確立したからであり、唱題がそれらの要素をすべて包摂した総合的なものとして確立されたという宣言ではなかったかと指摘するのである。この点を、もう少しくわしく見ていこう。

日蓮が末法の行として示した三つの重要な法門は、「三大秘法（本門の本尊・本門の戒壇・本門の題目）」と呼ばれる。このうち、「本門の題目」は、すでに解説したように、法華経の究極の法門である一念三千、すなわち五字の題目であり、これを唱えることが主題であるが、日蓮は唱題を念仏に取って代わる末法の行とした。唱題の確立で、念仏は不要となる。

つぎに本門の戒壇。戒壇とは本来、出家者になるための戒を授かる道場を指すが、唱題（南無妙法蓮華経と唱えること）が仏道修行者としての戒律を受けることを意味し、この妙法五字を受持する道場が本門の戒壇であると日蓮は考えた。こうして唱題が戒律を包摂することで、律宗の存在価値はなくなる。

本門の本尊とは、法華経の如来寿量品《にょらいじゅりょうほん》で説かれる久遠実成《くおんじつじょう》の本仏であるブッダ（永遠不滅の仏）だが、そのブッダが説いた教えこそ妙法蓮華経であり、それを図像化したのが日蓮独自の大曼荼羅である。中央に大きく「南無妙法蓮華経」と書かれ、その周囲には「南無釈迦牟尼仏」をはじめとして多くの仏菩薩の名前が記され、四隅には四天王の名前が配される。この題目を中央に据えた大曼荼羅が真言密教を吸収する。

こうして三大秘法により、念仏・律・真言は題目に取って代わられるが、では禅はどうか。智顗は一念三千に思念をこらす止観という行を完成させたが、これは精神を集中する行であるから禅の役割を果たす。しかし、日蓮が止観よりも唱題の方が勝行であると捉えたことはすでに見た。禅も唱題に収め取られるのである。

このように、念仏・禅・律・真言はことごとく唱題に包摂され、唱題を標榜する日蓮の仏教こそがすべての要素を包含する総合仏教ということになる。つまり、四箇格言は他宗の批判をしているが、それは単なる批判ではなく、他宗・他行の要素をすべて摂取した総合仏教としての唱題行が完成したこと、そして、そのことにより他宗・他行が必要なくなったと理解することの方が、四箇格言の本質を言い当てていると考えられる。

選択と統合

こうして両者を比較してみると、ゴールは同じ一行の専修であっても、そこに辿り着くプロセスには大きな違いが認められる。法然は選択に選択を重ねた結果、念仏の一行を選び取ったのに対し、日蓮は当時の仏教の諸要素（念仏・禅・律・真言）を総合することで唱題の一行を確立した。つまり、法然の手法は排他的（exclusive）なのに対し、日蓮の手法は統合的（inclusive）なのである。

両者とも南無阿弥陀仏と南無妙法蓮華経という、最も簡素化された行に逢着したが、これは当時の仏教としては極めて異質であった。というのも、院政期以降の仏教の特徴として、数量で信仰を表現することが一般化していたからだ。

個人が生涯に営む宗教行事は数を増していき、造像などの数も増やすことが信仰心の篤さの証とされた。末法のときほど「あれもこれも」と考えるのが人間の常であるが、法然も日蓮も、末法だからこそ「あれかこれか」の発想で一行の専修にこだわり、可能な限り不要な贅肉をそぎ落として行の簡素化を図った。

しかしその代償として、二人はそぎ落とした贅肉以上の意義や意味をその一行（念仏・唱題）に込めなければならなかった。念仏と唱題のアイデンティティ変更はすでに見たが、ここでは名号の六字と題目の七字に込めた両者の〝思い〟を確認してみよう。まずは法然から。『選択集』第三章には、つぎのようにある。

〔念仏が優れているのは〕名号はあらゆる功徳が帰一するものだからである（万徳所帰）。そうであるから、すなわち阿弥陀一仏のあらゆる四智・三身・十力・四無畏《しむい》などの内面に体得したすべての功徳、および相好（身体的特徴）・光明・説法・利生（衆生の利益）などの外面に現れたすべての功徳が皆、ことごとく阿弥陀仏の名号の中に収まっている。だから、名号の功徳が最も優れているのだ。

さらに、『法然上人行状絵図＝勅修御伝《ちょくしゅうごでん》（以下、『勅伝』）』三二では、「多くの修行と多くの善行の結果としての徳をもまどかに満たし、自らも覚り他者をも覚らせるという覚りへの修行を窮め、それによって具わった、煩悩なき無数の功徳をすべて私の名号にこめて衆生に称えさせよう」、『勅伝』二五では「ただ六字の名号を称える中に、一切の行が収まっている」とも言う。

一方の日蓮も佐前に著した『唱法華題目抄《しょうほっけだいもくしょう》』で、「今、法華経は四十余年の諸経（の功徳）を一経に収め、三身を円満せる十方世界の諸仏を集めて、釈迦一仏の分身の諸仏と説くゆえに、『一仏はすなわち一切仏』にして、『妙法』の二字に諸仏はすべて収まる。ゆえに、妙法蓮華経の五字を唱える功徳は莫大である」と述べ、また佐渡流罪中に著した『観心本尊抄』でこう記す。

釈尊の因行の法（成道《じょうどう》を得るまで、菩薩として修行してきた功徳）と果徳の法（遥か昔に成道して以来、過去・現在・未来にわたる衆生教化の功徳）は、すべて妙法蓮華経の五字に具わっている。我々はこの五字を受持すれば、自ずからその因行と果徳の功徳を譲り与えられるのである。

法然は名号の六字に、日蓮は題目の七字（五字）に、一切の功徳が包摂されていると捉えた。簡素化された念仏と唱題ではあるが、贅肉をそぎ落として簡素化されても決して軽薄な行となったのではなく、逆にそこには一切の功徳が包摂され収まっていると解釈することで、易行かつ勝行であることを立証しようとした。

日蓮は念仏に代わる易行として唱題を発見したが、佐前では法華経と題目の関係は明確ではなかった。しかし佐渡で、日蓮は一つの解答を見出す。日蓮は『観心本尊抄』において、法華経の中で説かれる虚空会《こくうえ》で、ブッダが地涌《じゆ》の菩薩（後述）に授けた法は、実は題目だったと解釈した。こうして八万聖教の肝心は法華経に収斂し、さらに法華経の教えは「妙法蓮華経」の五字に包摂されていく。

専修と弾圧

名号や題目に仏の一切の功徳を詰め込む両者の手法は近似している。末木［2010a］は、「絶対的な証拠はないが」と前置きして、唱題の考え方に法然の称名念仏の「影響があったと考えるのが常識的に見ても適当であろう」と指摘し、渡辺宝陽［2003］は日蓮の「題目受持の形成は称名念仏の否定と同時的に行なわれている」と言う。とすれば、否定すべき法然の念仏がなければ、日蓮の唱題も誕生しなかったし、反面教師的ではあるが、日蓮は法然の思想に大きな影響を受けたと言えるだろう。

法然と日蓮、生きた時代は異なるが、両者とも当時の国家から厳しい弾圧を受けた。当時の国家は南都六宗に天台宗と真言宗を加えた「八宗」の共存共栄を是とし、融和主義のもと、それらがバランスよく調和を保った形で運営されることを望んだ。いわばこの体制は「A and B」と表現できるが、法然の念仏も日蓮の唱題も、それのみの価値しか認めないので、「A or B」と表現できる。つまり他宗・他行の存在価値を認めない念仏と唱題は「A or B」を迫るため、「A and B」を本質とする顕密仏教の基本的姿勢と馴染むはずもない。ここに弾圧の要因を求めることができよう。

もともと鎌倉以前の天台において、念仏も題目も「A and B」の関係にあった。「朝題目夕念仏」と言われるように、法華と浄土は双修され、法華念仏同体一具とさえ言われるが、その起源は智顗の師匠である慧思《えし》にまで遡る（柳澤正志［2018］）。しかし法然や日蓮は両者を切り分け、法然は念仏、日蓮は唱題の専修に踏み切った。

ここで注意すべきは、同じ国家からの弾圧と言っても、日蓮の時代には浄土宗も体制側に回り、日蓮に弾圧を加えていた点だ。法然の死後、ほとんどの法然の門流が生き残りをかけてとった方策は、念仏を末法の愚者や悪人を導くための方便と規定し、智者や善人を対象とする伝統仏教との棲み分けを図ることだった。こうして法然の基本理念は後代、実質的に放棄されてしまう。

法然の門弟たちは、「善人は伝統仏教で、悪人は念仏で」という役割分担を持ち出すことで、念仏の任務を末法の悪人救済に限定し、伝統仏教との融和と共存を目指した（佐藤弘夫［2003］）。こうして法然滅後の教団は、法然の「A or B」を捨て、体制側の「A and B」に取り込まれ、埋没していった。

ともかく、同じ「専修」でも、法然の手法は排他的（exclusive）、日蓮の手法は統合的（inclusive）である点にその特徴を認めることができる。では両者の思考の違いは何に起因するのかというと、それは二人が依拠した経典が大きく影響している。それを次章で考えてみよう。

第二章　無量寿経vs.法華経——所依の経典

大乗仏教の誕生

法然と日蓮が依拠した経典を比較する前に、大乗仏教の歴史を簡単に振り返っておく。仏滅後三〇〇年ほどが経過すると、今までとは違った新たな仏教、すなわち大乗仏教がインドに誕生した。大乗仏教の理念は「成仏思想」にある。従来の仏教では「ブッダ以外は仏になれない」と考えたが、大乗仏教はそれを超克しようとしたのである。これにより、Buddhaという呼称は固有名詞から普通名詞に変化した。

では、いかにして仏となるのか。模範とすべきはブッダしかない。そこで大乗教徒は仏伝を参照した。仏伝によれば、ブッダは過去世でスメーダという青年であり、燃灯仏のもとで成仏の誓願を立て、それを聞いた燃灯仏は彼が将来必ず覚るという記別（予言）を授けた（＝授記）。これがブッダの修行の起点となる。

燃灯仏に授記されて以降、彼は「菩薩」と呼ばれる。菩薩とは「菩提薩埵《さった》（Bodhi-sattva/-satta）」の略である。sattva/sattaとは「生ける者（人間以外も含む）」を意味し、「衆生／有情《うじょう》」と漢訳される。bodhiは「覚り」を意味するから、菩薩は「覚りを求める衆生／覚りが確定した衆生」を意味する（平川彰［1989］）。このように「菩薩」はブッダの本生（過去世の生存）を意味する固有名詞だったが、Buddha の呼称と同様、Bodhisattva/-satta の呼称も、大乗仏教では固有名詞から普通名詞に変化した。

こうして大乗教徒は自らの立場を「菩薩乗／仏乗」と称し、伝統仏教を「小乗」と蔑称した。小乗は「声聞乗《しょうもん》」と「独覚乗《どっかく》（縁覚乗《えんがく》）」に分けられる。大乗仏教では三乗（声聞乗・独覚乗・菩薩乗）の違いが議論されることになり、とくに法華経では三乗の関係、および二乗（声聞乗・独覚乗）作仏《さぶつ》（成仏）が問題になる（平岡聡［2018b］）。

さて大乗仏教の最終ゴールは「成仏」だが、そのためには仏に出逢い、「成仏の授記」を得て菩薩となる必要があった。しかしブッダはすでに入滅しているので、無仏の世では成仏の授記を得られず、よって菩薩になれない。こうして、死滅するブッダに代わり、永遠に存在する仏を模索した。その結果、後の仏教徒たちは仏の〝身体〟に関する思索を深めていく。

すでに大乗仏教の誕生以前に、ブッダの身体を「色身／法身」の二種に分ける考え方はあった。これを二身説という。色身とは「肉体的な体」のことで多言を要しないが、法身とは何か。ブッダは真理（法）を覚って仏になったので、ブッダの体の本質は「肉体」ではなく「法」であると解釈された。肉体は滅ぶが、法は不滅であり、ここにブッダの永遠性が見出された。こうして、永遠性を獲得した法身としてのブッダは大乗経典で重要視され、つぎに「三身説（法身・報身・応身）」に展開していった。

三身説とは、法身を軸に、修行の結果、その法を覚ることの報いとして仏となった身を「報身」、また衆生を救済するために、衆生に応じて現す身を「応身」という。三身説は仏を説明するため、便宜的に仏を三つの側面に分解しただけで、三種類の仏が別個に存在するわけではないが、大乗経典は、仏を三身のどれか一つに当てはめようとした。たとえば、無量寿経の阿弥陀仏は長歳永劫の修行の報いとして仏となったので「報身」、法華経のブッダは久遠実成の仏であるから、久遠の過去から仏であったが、衆生を教化するためにそれらに応じてさまざまな身を現すので「応身」の色彩が濃い。

さて、大乗仏教以前には「一世界一仏論」という奇妙な原則があった。仏の力は絶大であり、一人で世界のすべての衆生を教化する力を充分に具えているので、同時に二人は必要ないという理屈である。伝統的な教義「一世界一仏論」に抵触せず、現世に存在する救済仏を確保したいが、それを可能にするには、世界観を拡げ、「この娑婆世界」以外にも世界は無数に存在すると考えればよい。そうすれば「一世界一仏論」に抵触せず、現世に複数の仏の存在を容認できる。

こうして大乗経典では、三千大千世界という広大な宇宙観を打ち立てた。この世を越えた世界にも仏は無数に存在するので、死後、その国に往生すれば、仏と出逢い、記別を授かり、菩薩になる道が開けると考えたのである。阿弥陀仏の極楽国土や阿閦《あしゅく》仏の妙喜世界はこのようにして誕生した（平岡［2018b］）。

無量寿経と法華経

法然が依拠した無量寿経は、法蔵菩薩が修行の末に阿弥陀仏になった経緯をブッダが説明する経典である。その始まりは、燃灯仏よりもさらに七〇仏以上前の世自在王仏《せじざいおうぶつ》という仏が出現した時代に遡る。その時、法蔵という比丘がいたが、古い漢訳では、出家する前、彼は国王であった。法蔵は世自在王仏の前で四八の誓願を立て、その誓願を実現するため、長きに亘って修行に励み、その結果、覚りを開いて阿弥陀仏になったと説明される。

この話が仏伝の「燃灯仏授記」の物語に基づいていることは明らかだ。つまり、無量寿経の世自在王仏を燃灯仏に、また法蔵菩薩を釈迦菩薩（ブッダ）に置き換えれば、これは立派なブッダの伝記に様変わりする。法蔵が「国王」であった点も、ブッダの出自と重なる。つまり、仏伝をベースに仏を再解釈したのが阿弥陀仏であり、阿弥陀仏の本質はブッダと言えるのである。

つぎに日蓮が依拠した法華経の骨子を紹介しよう。法華経の仏身観を端的に表しているのは、第一六章如来寿量品である。ブッダは世間の者が「世尊シャーキャムニ如来はシャーキャ族の家から出家され、大都城ガヤー近くの菩提の座に坐って、今〔はじめて〕無上正等菩提《むじょうしょうとうぼだい》を覚られた」と思っているが、実は自分が無上正等菩提を覚ってから幾百千コーティ・ナユタという悠久の時間が経過していると説く。

つまり、今生での覚りは方便であり、実際は大昔にすでに覚っていたというわけだ。これが「久遠実成の仏」の意である。

そして最後の偈頌《げじゅ》では、「あの時も、私はこの同じ場所にいて涅槃《ねはん》に入ったのではない。比丘たちよ、〔涅槃に入って消滅したと見えるのは〕私の巧みな方便であり、私はこの人の世に繰り返し何度も現れる」とか、「私の寿命は長く、無限の劫の長さがあるが、〔私はそれを〕昔、修行を行って獲得した」と説かれる。

無量寿経が教祖ブッダを阿弥陀仏という新たな仏に変身させたのに対し、法華経はあくまで教祖ブッダにこだわり、教祖ブッダを「久遠実成の仏」として再解釈し再生させた。いずれも滅び去るブッダの「色身」に別れを告げ、それぞれ独自の方法で救世主ブッダを再生させたのである（平岡［2011］）。

「選択」の起源

では、これに基づき、法然の排他的手法と日蓮の統合的手法の起源を、両経に模索してみよう。まずは法然から。

法然の思想の特徴が「選択」にあることはすでに見たが、法然はその着想をどこから得たのか。そのヒントは『選択集』第三章にある。無量寿経には五つの漢訳が現存するが、その中でも中国や日本で最も流布したのが康僧鎧《こうそうがい》訳の無量寿経だ。法然も『選択集』で本経を引用する場合は基本的に康僧鎧訳の無量寿経だが、一カ所だけ最古の異訳である大阿弥陀経を引用する。それが第三章である。

ここでは阿弥陀仏が、いつどのような仏のもとで発願したのかについて答える中に、無量寿経を引用した後、その異訳で最古の訳でもある大阿弥陀経を引用するが、そこには「その仏、即ち二百一十億の仏の国土中の諸天人民の善悪、国土の好醜を選択し、心中の所欲の願を選択せんがためなり（後略）」とある。ここだけ異訳の大阿弥陀経を引用していることを勘案すれば、法然はこれから「選択」の着想を得たと考えられる。

大乗教徒は自らを菩薩と称したが、菩薩は誓願（願）を立てた後は、その誓願を実現するために修行（行）することが求められた。これを「願行具足《がんぎょうぐそく》」という。この願に「総願」と「別願」の二種類があって、総願とは「四弘誓願《しぐせいがん》（衆生を救済すること／煩悩を断つこと／教えを知り尽くすこと／仏道を完成させること）」を指し、菩薩全員が総じて立てるべき誓願、一方の「別願」とは各菩薩が自分たちの個性に合わせて立てるべき「個別の願／独自の願」を言う。

このうち、無量寿経で問題になるのは別願であり、法蔵は独自の浄土を建立するために、先輩たちの立てた願がどのようなものであるかを知ろうとし、世自在王仏に教えを乞うた。法蔵は数多の誓願から自分独自の誓願をふるいにかける必要があったが、これが大阿弥陀経で「選択」と表現されている。そして最終的に法蔵が選択した誓願は、無量寿経等では全部で四八だった。

選択とは「取捨選択」の義であるから、「何かを取るために何かを捨てる」作業である。つまり法然の選択は全仏教を「聖道門／浄土門」に分け、聖道門を捨てて浄土門を選び、また浄土門を「正行／雑行」に分け、雑行を捨てて正行を選び、さらには正行を「正定業／助業」に分け、助業を捨てて正定業（本願念仏）を選ぶことで、「念仏」の一行に辿り着いた。つまり、法然の選択思想の背後にある排他的（exclusive）手法は、無量寿経で説かれる、法蔵による誓願の取捨選択に起源を求めることができる。

「統合」の起源

つぎに、日蓮の統合的手法の起源を法華経に探る。法華経には重要な主題がいくつかあるが、その一つが「二乗作仏」だ。大乗教徒は自分たちの立場である菩薩乗（大乗）を称揚し、声聞乗と独覚乗の二乗では成仏できないと非難した。しかし一口に大乗経典と言っても、三乗の位置づけはことなり、すべての大乗経典が一律に二乗を非難しているわけではない。まずは般若経《はんにゃきょう》や維摩経《ゆいまきょう》の三乗の考え方を確認してみよう。

大乗経典も長い歴史の中で編纂され、紀元前後の初期に誕生した経典もあれば、六世紀以降に編纂された経典もあるが、般若経はとくに紀元前の最初期に編まれた大乗経典であり、それよりやや遅れて成立した維摩経も般若経の思想を継承する経典である。ここではまず自分たちの立場である菩薩乗を前面に打ち出すため、二乗を厳しく非難し、とくに維摩経は「二乗は覚りの可能性のない〝敗種〟」とまで言い放つ。つまり二乗は「腐った種」であり、「成仏という芽は生じない」と断罪した。

自分たちの立場(菩薩乗)をより鮮明にしようとすれば、敵(二乗)を作って徹底的に否定し、それをもとに自分たちの立場を称揚するのが近道だったし、「敗種」という表現が如実に表しているように、実際に最初期の大乗経典はそのような手法を駆使した。しかし、これは矛盾を孕む。大乗(誰でも覚りの岸に渡れる大きな乗物)が〝絶対〟の教えを追求しながら二乗を否定すれば、「二乗に対する」という意味で、〝相対〟の教えに堕してしまうからだ。

この反省に基づいて編纂されたのが、法華経だ。法華経は二乗(声聞・独覚)否定の大乗を説く維摩経や般若経のカウンターとして登場し、二乗否定の大乗を改め、あるいは大乗小乗の対立構造を持つ仏教を刷新し、二乗(小乗・大乗)あるいは三乗(声聞・独覚・菩薩)を統合した〝一(仏)乗〟を打ち立てようとした。これを平川[1983]は、こう説明する。

般若経や維摩経の大乗は「大小対立の大乗」であるが、これでは小乗仏教は一方的に捨てられているのであり、小乗教徒を救済することはできない。とくに声聞を「敗種」として斥ける維摩経では、阿羅漢になった声聞は永久に大乗から排除されることになる。（中略）しかし声聞や縁覚を救済しえない大乗では、完全な大乗とはいえない。（中略）この点に反省がなされて、真の大乗には、小乗教徒も救われる教えがあるべきであるということになったのであろう。このような反省をもった一類の大乗教徒によって、「一切皆成仏」を説く一乗の教えが主張せられるようになったと考えられる。

法華経の手法は「方便」である。これはじつに巧みな手法で、対立を見事に吸収し、一つに収めることができる。つまり「二乗が説かれたのは方便（ゴールに導き入れるための手段）であり、最終的には一仏乗しかない」と説くことで、従来の二乗を否定することなく、一仏乗に二乗を吸収し、新たな立場（一仏乗）を提唱できるのである。これを理解するのに絶好の譬喩《ひゆ》が法華経第七章・化城喩品《けじょうゆほん》に説かれているので、紹介しよう。

隊商主が大きな隊商を率いて宝処に出発するが、その途中で大きな森林荒野が現れ、それを見た商人たちは引き返そうとする。そこで隊商主は神通力で都城を化作《けさ》し（化城）、とにかくその都城まで行くよう彼らを励まし、同じ手順で順次、彼らを先へ誘導するという譬喩が説かれている。これをもとに、三乗の関係を考えてみたい。

般若経は小乗（声聞・独覚）を否定して大乗を説くので、道に喩えるなら、二本に分かれる道があって、一方は小乗に通じる間違った道、もう一方は大乗に通ずる正しい道とする考え方である。一方、法華経の場合は、最初から一本の道しかない。つまり、声聞乗や独覚乗はその一本しかない道の「通過点」に過ぎず、そこを「最終的なゴール」と見誤ることの非が説かれるので、その道自体は間違っていない。

般若経の場合、誤った道を進んだならば、分岐点まで引き返して正しい道を歩みなおさねばならないが、法華経の場合、道は最初から一乗という一本の道しかないので、その途中で止まることなく、その道をさらに歩ききらなければならないことになる。問題は、般若経の場合「誤った道を進むこと」であり、法華経の場合「化城（通過点）を真城（ゴール）と見誤ること」となる。こう考えれば、般若経の場合、一乗は二乗と別に存在することになるが、法華経の場合、二乗（小乗・大乗）や三乗（声聞・独覚・菩薩）は一乗（仏乗）に包摂される（平岡［2015］）。

この手法が日蓮の統合的手法の原点なのである。法華経に精通した日蓮なら、この法華経の考え方は自然に身についていたと考えても不思議ではない。

仏が先か、法が先か

最後に附論として、「三帰依」という観点から念仏と唱題を比較してみよう。初期仏教以来、仏教徒になるための儀礼として「三帰依」が説かれていた。仏教は時の経過とともにアジアを中心に世界の各地に伝播していったが、この三帰依は時代と地域を越え、仏教の入門儀礼として機能しているし、現代の日本仏教も例外ではない。

三帰依とは、正しくは「三宝帰依」と言い、仏教の三つの宝、すなわち仏（法〔真理〕に目覚めた者）、法（仏が目覚めた法〔真理〕）、僧（仏と法に従って修行する出家者の集団）の三宝に帰依を表明することを指す。

帰依を表明する際の定型表現は本来「~śaraṇaṃ/saraṇaṃ gacchāmi（私は～に帰依します）」であり、「南無（namas〔= namo〕）～」ではないが、漢訳表現では「南無帰依～」と表現されることもあるし、「帰依」と「南無」はほぼ同義で用いられるので、ここでは「南無阿弥陀仏」を「帰依仏」、「南無妙法蓮華経」を「帰依法」と捉え、両者の違いを比較して見よう。

三帰依のうち、「仏」と「法」との関係はどうか。本来的には法に目覚めて仏になるのであるから、法が上位の概念となる。初期経典には成道直後、誰にも頼らず誰をも敬わずに生きていくことに虚しさを感じたときのブッダの心中を描写した場面があり、ブッダが〈いざ私は私が覚った法、この法こそを敬い、重んじ、近づいて時を過ごそう〉と独白している。この表現から、仏と法の主従関係は明白であろう。

しかし法は仏に覚られ、また仏に説かれなければその存在価値はないので、その意味では両者は相依相対の関係、あるいは車の両輪の関係にあり、いずれか一方を欠いても仏教は機能しない。では三帰依において、本来的には上位にある法よりも、なぜ下位の仏が先に帰依の対象になるのか。これについては、三枝充悳《みつよし》［1999］の見解を紹介するが、その前に「法（dharma/dhamma）」の意味内容を確認しておこう。

本来、法は仏によって発見されるべき真理であるが、その真理に導くために仏が説く教えも法と呼ばれ、ここに法の両義性がある。両者を区別するために、便宜上、前者を「理法」、後者を「経法」と呼ぶが、三帰依のうちの法帰依には両方が含まれると考えておく。

ではこれを踏まえ、三枝の説を紹介しよう。三枝は初期経典の用例を渉猟し、まず仏が、そしてつぎに法が説かれるという順番は常に不動であり、一定であることを確認する。では、なぜこの順番なのか。三枝は「初転法輪《しょてんぼうりん》（ブッダの最初の説法）」の場面に注目する。ブッダが最初に説法したのは、苦行時代の仲間である五人の修行者であった。そしてそのブッダから法を聞き、彼らも真理に目覚めることになった。

五人の修行者からすれば、ブッダとの出会いが先であり、ブッダの口から流れ出た法に触れるのは、その後になる。この順番が「仏」と「法」の順番を決めているのではないかと推定するが、一定の説得力を持つ説である。三枝はつぎのように指摘する。

しかもこのダンマは、ブッダという特定の個人のいわば人格そのものに裏づけられており、そのブッダ個人を除いては、このダンマそのものは出現し得なかった。すでに存在していたはずのダンマの自己開陳では決してなかった。このダンマはブッダという個人―人格を通してこそ、ダンマであり得た、ダンマとなり得た、といっても過言ではない。

ともかく、三帰依のうち、念仏は「南無阿弥陀仏」であるから「仏帰依」、一方の唱題は「南無妙法蓮華経」であり、経は法と見なせるから「法帰依」となり、三帰依の観点からも念仏と唱題は好対照をなす。

ただし、阿弥陀仏および念仏の根拠になった法蔵菩薩の第十八願は無量寿経、また南無阿弥陀仏と称える行は観無量寿経に説かれているので、法然は経法を無視しているわけではないが、浄土三部経という〝三つの経典〟から阿弥陀仏の救済を導き出したので、どれか一つの経に帰依（南無）するという帰結には至らなかった。この点が法華経一経による日蓮との違いであろう。

一方、日蓮も三大秘法の中で「本門の本尊」を説き、法華経如来寿量品で説かれる「久遠実成の本仏」を信仰の対象とし、また『守護国家論』第五章では「法華経は釈迦牟尼仏なり」とも言い切っているので、仏を重視している点を忘れてはならない。日蓮滅後の教団では、「人本尊（人格的な仏を本尊とする）」か「法本尊（非人格的な法を本尊とする）」かという議論が起こっている点も指摘しておこう。

ともかく、法然は経に説かれている仏を、また日蓮は仏が説いた教法としての経を「南無」の対象に据えたのである。

第三章

神祇不拝 vs. 法華経護持――神の存在

仏教と神道との出逢い

ここでは、神の存在について述べる。法然と日蓮の思想を考える上で、その存在は無視できないからだ。

インドに起源を持つ仏教は土着の宗教と混淆しながら、アジアの各地に教線を拡げていった。日本の場合は神道と結びつきながら受容され、徐々にその根を下ろしていったのである。ただし「神道」と言っても、その意味内容には変遷が見られ、「日本古来より伝えられてきた民族宗教」の意味で用いられるようになったのは近世以降である。『日本書紀』などの用例によると、本来、神道は「土俗的信仰一般」あるいは「神的なるもの／聖なる状態」を意味し、その後、人と区別して神を畏敬する発想での「神の権威・しわざ・神そのもの」という意味に移行していった。

中世でも「神道」は独自の宗教体系ではなかったが、「仏法」のカウンターとして、「垂迹《すいじゃく》の世界」すなわち「仏の化儀《けぎ》（仏が衆生を導く方法）の次元・境地」という領域的意味を帯びるようになる。近世になると、「神道」は道教・仏教・儒教と対置される

「日本の民族的宗教」という語義を確立していくが、実際は儒教や仏教に従属していた。そして国学から国家神道への段階に至って、道教・仏教・儒教から独立した「古くから伝えられてきた日本の民族的風習としての宗教的信仰」という観念が明確になる。

また「神道」は仏教を鑑として誕生した。『日本書紀』の「神道」の用例に注目すると、「天皇、仏法を信《う》けたまひ、神道を尊びたまふ」（用明天皇即位前紀）、「仏法を尊び、神道を軽《あなず》りたまふ」（孝徳天皇即位前紀）とあることから、「神道」は外来の「仏法（仏教）」に対比して、日本固有の信仰を呼ぶ場合に限って用いられている。つまり、神道は外来の宗教である仏教を鑑として発見された言葉と言えよう。

語義の問題はさておき、日本における仏教と神道との関係を考える上で重要な概念が、「神仏習合」と「本地垂迹説《ほんじすいじゃくせつ》」である。ここでは神仏習合を「日本固有の神の信仰と外来の仏教信仰とを融合・調和するために唱えられた教説」、本地垂迹説を「日本固有の神を、仏教の仏や菩薩が衆生を救済するために姿を変えて現れたもの（化身）と見なす考え方」と理解しておこう。

本地垂迹説の「化身」という考え方は、日本固有の現象ではなく、インドはもちろんアジアの各地に見られ、その意味では汎アジア的な現象であることは注意しておいてよい。たとえば、ヒンドゥー教ではブッダがヴィシュヌの化身と考えられていた。これが直接原因かどうかはわからないが、結局インドで仏教はヒンドゥー教の中に埋没することになる。

化身という考え方は、ある宗教が別の宗教を取り込む際、きわめて便利な装置であった。インドで消滅した仏教が、日本では日本固有の神祇信仰を呑み込んでいく。

神仏習合と本地垂迹

神仏習合現象の最も早い例は「神宮寺（神社に付属する寺院）の創建」だ。国家は外来の宗教（仏教）を日本に根づかせるため、神社の中に寺院を作ることを企てた。

神宮寺創建を語る縁起譚は、神が「宿業によって神となった／重い罪業をなしたために神道の報いを受けた」と説き、神という存在を「宿業の報い」と捉えることで、「神の身を離れて仏法に帰依したいと望んでいる」という説話（神身離脱説話）を作りだした。仏教は最初、神を救済の対象として位置づけ、取り込もうとしたのである。

このつぎに古い神仏習合現象が、寺院の守護神（鎮守神）の勧請（神を請い迎えて祀ること）だ。こうして仏法の守護神になった神を「護法善神」と呼ぶ。

神宮寺や護法善神につづき、神仏習合現象の中核となる本地垂迹説が形成される。「本地」とは本来の実在（仏・菩薩）を指し、「垂迹（迹《あと》〔跡〕を垂れる）」とは、地面に足跡を残すように、そのものが姿を現すことを意味する。これは抽象と具体、理念と実体の二元論的発想である。

神と仏の関係を本地垂迹理論で説明するようになったのは、およそ院政期の頃だと考えられている。この問題の出発点は、仏の側ではなく神の側からスタートした。仏教が日本に招来されたことで、「神とはいったい何か／神をどう捉えるか」が重要なテーマとなった。よって、順番としてまず「迹」である神を起点とし、そこから「本」である仏へとベクトルを伸ばしていく。重要なのは神が「垂迹」であることであり、「本地」が何という仏かは二次的な問題であった（門屋温［2010］）。

また、本地垂迹説で興味深いのは、造形化された仏（仏像・仏画）も垂迹と見なされていたことだ。卓越した霊力を持つ聖人や祖師も中世には仏・菩薩とする見方が一般化し、空海は大日如来の化身、最澄は薬師如来の垂迹、そして聖徳太子は観音菩薩の垂迹と考えられていた。

彼岸の仏は容易にその存在を見ることもその声を聞くこともできないもの（本地）で

あったが、そのような仏がわれわれの眼前に姿を現したもの（垂迹）が神々であり、聖人であり、仏像だったのであり、具体的な存在（垂迹）の背後には抽象的な高度の存在（本地）があるというのが中世の人々の共通した感覚であった（佐藤［2006］）。直に触れられない本地と関わるには、垂迹を手がかりとするしかなかったのである。

この本地垂迹説は「場所」にも適用された。つまり極楽浄土（本地）の垂迹として「霊場」と呼ばれる信仰の場が形成されていく。これらの霊場は他界との境界であり、この世と浄土とを結ぶ通路であり、さらには浄土そのものと考えられた。また、神を祀る神社の境内（あるいは仏像の所在地）も「現世の浄土」とみなされ、その地を踏むことが極楽への近道となる。特定の神社の境内をこの世の浄土とする論理を「社壇浄土」と言い、社壇浄土である神社に詣でることが、極楽往生の近道と信じられた。

神祇に対する法然の態度

ではこれを踏まえ、法然が神仏習合や本地垂迹説をどう考えたかについて見ていく。主著『選択集』はこれについて直接的に何も語らないので、まずは『一百四十五箇条問答』に注目しよう。本書は当時の庶民の目線に立ちながら、法然が自ら確立した専修念仏の立場から庶民の疑問や不安に答えたものであり、当時の庶民レベルでの信仰を知る手がかりとなる。

神道には「物忌み」があるが、『一百四十五箇条問答』にはさまざまな物忌みが散見し、いかに当時の人々がこれを気にかけていたかがわかる。たとえば、以下のような懸念である。

(一) 七歳までの子どもが死んだ場合、物忌みしなくてよいと言われていますが、どうでしょうか
(二) 物忌みの日に社寺に参拝するのはどうでしょうか
(三) 月経があるときに、経を読むのはいかがでしょうか
(四) 月経の間、神の御供えとして経を読むことは差し支えないでしょうか
(五) 子を産んで神仏にお参りするのは、百日間はさわりがあるというのは本当でしょうか

これらの質問に対する法然の答えは明確だ。(一) に対する答えは「仏教には物忌み

はない。それは世間で言っているだけだ」である。他の問いに対しても、基本姿勢はこれと同じだ。法然は当時の常識となっていた物忌み、あるいは禁忌をあっさりと否定するが、神社への参拝や神を拝むこと自体を否定しているわけではない。法然の著作を見ると、神祇への参拝を肯定的に説く場合と否定的に説く場合があるが、では、これをいかに会通《えつう》（矛盾の解消）すべきか。佐藤［2006］は法然が在家の信者津戸三郎に宛てた手紙に注目する。

この世の祈りとして、仏にも神にも祈念申し上げることはいっこうに差し支えないことでありましょう。後生の往生を願って、念仏のほかに別の行をすることこそ、念仏を妨げることになるので、よくないことでございます。現世利益を目的とした行は、往生を願ってのことではないので、それを仏神に祈ってもまったく構わないのです。

浄土往生に神祇が関わる場合は否定的になるし、そうでない場合は肯定的となる。よって、浄土往生に関してのみ「神祇不拝」は問題になると言えよう。以下に見るように、法然の最重要関心事である来世での浄土往生に関しては「念仏」しかありえず、そこに

「神」の関与を認めない。しかし、現世利益については問題視しないというのが法然の基本スタンスなのである。

神道と仏教の癒着にメスを入れる

本地垂迹説は「本地たる仏が日本の神々に垂迹した」と考えるから、神祇不拝の問題は、単に「日本の神の否定」ではなく、その本地である「仏の否定」をも意味することになる。これは神道だけの問題ではなく、顕密仏教全体の問題となるからこそ、当時の仏教界はこぞって法然の仏教を批判した。法然の選択思想は「A or B」を迫るので、最終的に「阿弥陀仏によって選択された本願念仏」の一行を法然は選び取った。

法然は夾雑物や不純物をギリギリまで取り除き、贅肉をこそぎ落として、その極限に「選択本願念仏」という一行に逢着した。その法然が「私」と「阿弥陀仏」との間に「垂迹としての神」というような中間的存在を認めるはずがない。たとえその本地が仏であっても、「選択本願念仏」を選んだ以上、その他の仏および諸行は、ひとまず放擲されるのは必然であろう。救済者（阿弥陀仏）と被救済者（衆生）が念仏で直に結びつくというのが法然仏教の特徴なのである。

これを念頭に置き、『一百四十五箇条問答』の六六番目の問答を見てみよう。「臨終のときに、善知識に遇うことができなくても、日頃の念仏で往生できるでしょうか」という問いに対し、「善知識に遇わなくても臨終が思うようにならなくても、念仏を申せば往生します」と法然は答える。

「善知識」は初期経典では「善き友（kalyāṇa-mitra）」というほどの意味だが、浄土教では往生浄土や念仏の教えを説く導き手を指す。たとえば、観無量寿経の下品下生では、善知識が「臨終者に対してあれこれと教示し、念仏を称えさせる人」として描かれている。

この質問から、当時の日本でも誰かが臨終者に付き添い、往生の導き手となっていたこと、また往生浄土にはそのような存在が必要だと考えられていたことなどがわかるが、法然はそれもきっぱりと否定する。個人の救済は究極的に「私と阿弥陀仏」の直接的な関係が重要であり、その間に垂迹の神や善知識の存在などは不要と法然は考えた。

さらに、法然の善知識に対する考えが明快に現れた用例をもう一つ紹介しよう。法然に帰依した正如房《しょうにょぼう》（式子内親王）は、臨終に際し、法然にもう一度会いたいと願いでた。正如房にすれば、法然を善知識として臨終を迎えたかったのであろう。しかし、法然はそれを断り、彼女に手紙を書いているが、その一部はつぎのとおり。

> たとえ臨終の善知識が枕辺におりませんでも、往生は疑いなく、必ずなさることであります。
>
> あれこれ心を惑わせることを言う人がいるのは残念なことです。
>
> ただ、どんな人であれ、たとえ尼女房のような身分低い人でも、いつもあなたのかたわらにいる人に、念仏をおさせになって、それをお聞きになり、どうかお心一つを強くお持ちになってください。
>
> そしてどうか、誰かが枕辺につき添い、善知識になってほしいと願う心をお捨てになり、仏だけを善知識にたのみ参らせてください（石丸晶子［1989］）。

垂迹の神はもちろん、善知識さえも、私と阿弥陀仏との間に入る必要はないというのが法然の基本的態度である。本地垂迹的なあり方が常識であった当時の顕密仏教界にとって、垂迹を飛び越えて直に仏と衆生が関わりを持つという宗教は、きわめて奇異に映ったに違いないし、顕密仏教側は相当の違和感を覚えたとしても不思議ではない。

ともかく、法然に至ってはじめて絶対的な宗教的権威と個人とが直接結ばれるという、一本筋のとおった〝宗教〟が日本に誕生したのであり、ここに法然仏教の特質を認めることができる。法然は神道と仏教との癒着にメスを入れ、日本ではじめて神道と隔絶した仏教を提示した。

差別を否定し、平等な往生を

ではふたたび、佐藤〔2006〕を参考に、当時の社会の文脈で神祇不拝の問題を考えてみよう。本地垂迹説は、当時の人々に難解な外来の宗教である仏教を日本古来の宗教と関連づけてわかりやすく伝えたという意味では評価できるが、信心とはまったく別の次元で人々の救済の差別化を生むことになった。

浄土への通路と考えられていた霊場や社壇浄土は多くの参詣者を集めたが、その一方で「女人禁制」により、女性を聖地から閉め出した。日本には血を「不浄」とする文化があるので、月経や出産などで血と関わる女性は不浄と考えられたのである。

同様に、殺生を生業とする漁師や猟師も、一般民衆より罪深い人間として聖地への立ち入りを禁止された。一般庶民にしても霊場に参拝するにはかなりの費用が発生するので、誰でも望めば参拝できるわけではなかった。そう考えると、当時は、性別・身分・階層といった世俗的な差別がそのまま宗教的な差別と直結する状況にあった。

さらに大きな問題だったのは、経済的状況が救済に影響する点だ。彼岸への入口として垂迹を重視することは、必然的に垂迹そのものの造立と荘厳を重んじることになった。信仰の数量化であるが、とくに重視されたのが仏像の制作だ。当時は仏像が浄土への案内人と見なされていたので、その像は大きく豪華で、また数も一体よりは複数の方が安心できたに違いない。

そして、立派で豪華な仏像をたくさん造ると、今度はそれを収納するスペースが必要となる。こうして浄土教が浸透する院政期、阿弥陀仏像を収める阿弥陀堂が各地に建立され、またその堂を飾る仏具や荘厳具も必要になると、それにかかる費用は膨れあがり、「金で救済を買う」という状況が生まれた。

このような仏教で救済されるのは、ごく一部の皇族・貴族・豪族等の裕福な支配層の人間であり、大半の庶民は救済から除外されてしまう。「功徳を積むには金がかかる／貧乏人は救われない」というのが、当時の人々の一般的な認識だった。こうして、この世の差別が来世にまで持ちこされる結果となったのである。

だからこそ、平等性を強く意識した法然は誰でも実践できる極楽往生の易行として念仏のみを選択し、また「私と阿弥陀仏」の間に横たわっていた夾雑物（神や善知識、そして造像起塔による功徳など）を一掃し、両者が直結する専修念仏の宗教を樹立した。

ただし、法然は垂迹（化身）という考え方自体を否定はしなかった。法然は善導を阿弥陀仏の化身と考えていたが、それには訳があった。法然が善導を実際にそのような存在と認識したということもあるが、穿った見方をすれば別の理由も見えてくる。法然は『選択集』を著すとき、教証（仏説である経典の教えによって自説を証明すること）として浄土三部経などの経典を引用するのは確かだが、それ以上に善導の書を自説の後ろ盾として引用する。

しかし、善導の書は仏説ではない。善導自身『観経疏』の最後で、この疏は深い宗教体験によって著されたものだから、「此の義、已に証を請ふて定め竟《おわ》んぬ。一句一字も加減すべからず。写さんと欲する者、一に経法の如くすべし」と記す。善導を阿弥陀仏の化身と見なせば、その書である『観経疏』は仏説たる経典と同じ価値を持つことになるので、法然は善導をそのような存在と見なしたとも考えられよう。

ともかく、往生に関して法然は神の存在や垂迹思想を認めなかったが、善導の位置づけについては垂迹的発想を採択した。

鎮護国家（護国）という発想

つぎは日蓮の神祇信仰だが、その前提として、大乗仏教になってからインドに登場した鎮護国家（護国）の思想を押さえておく必要がある。

本来、仏教は人間が自分の内面と対峙し、修行によって苦からの解脱を目指す個人的な宗教であった。しかし、その自己存在は他者との関わりで見直され、自利即利他（他者を幸せにすることが私の幸せである）を理念とすることで、仏教は社会性を帯びた宗教（大乗仏教）へと変容した。つまり自分だけの覚りを目指すのではなく、自他ともに覚りを目指すところに大乗仏教の特徴があるのである。

そしてこの理念がさらに拡大されると、「他者」は「個人」を越えて、個人の集合体である「社会／国家」へ、さらにはその受け皿としての場所である「国土」へと領域を広げ、こうして浄仏国土（仏国土を浄《きよ》める）思想が誕生する。

通常は「極楽浄土」のように、この娑婆世界とは別の空間に浄土を想定するが、大乗仏教も中期になると、その反動として、この娑婆国土を安寧にするという経典が創作されるようになる。これが護国に言及する経典群、すなわち金光明経《こんこうみょうきょう》や仁王《にんのう》般若経などの護国経典であり、国王がこれらの経を重んじ、仏教の教えを実践し、正法を以て政治をすれば、国家は安泰となると説いた。国王が経典の講説を行ってその経を弘通《ぐずう》し、国民によって仏法が実践されれば、神々がその国土を守護してくれるというわけだ。

ここでは、国民を代表する国王の役割が極めて大きく、また直接的に国家の安寧をもたらすのは一般に神々(これに言及しない場合もあるし、仏・菩薩の場合もある)ということになっている。とすれば、大乗仏教の社会性がこの世界以外に向いたときには浄仏国土の思想、この世界に向いたときには鎮護国家(護国)の思想となる。

このようなインドの大乗仏教の思想を受けて日蓮は『立正安国論』を著し、あいつぐ災害の原因を、正法(法華経をはじめとする大乗経典)を蔑ろにし、それ以外の邪法(法然の専修念仏)を信じていることに求め、「正法に立脚すれば(立正)、国家は安泰となる(安国)」と主張した。

また栄西の『興禅護国論』も、題名のとおり「禅を興して国を護る」を意味し、「仏法の久住《くじゅう》(長く続くこと)には戒が最も重要だが、持戒は禅法そのものであり、持戒の人がいれば、諸天はその国を守護する」と説かれるので、基本的な構図は『立正安国論』と同じだ（平岡［2016a］）。

このように、国家の安寧には「神」の存在が深く関与しており、法然と違って日蓮の思想には神の存在が重要な位置を占めることは容易に想像される。ただし、その位置づけは従来の神祇信仰とは異なる点にも注意を払う必要がある。

八幡神への叱責

まずは伝記のエピソードから、その関係を確認してみよう。何と言っても、日蓮の伝記におけるスペクタクルは「竜口法難」だ。表向きは佐渡流罪を宣告された日蓮ではあったが、実際は護送の途中で斬首されることになっていた。警護の一団とともに相模の依智《えち》に向かう途中、日蓮は竜口で頸を斬られようとしたが、そのとき突然、江ノ島の上空に神々しく光る物体が出現して南東から北西へと飛行し、警護の者たちがそれに慌てふためいたため、処刑は延期された。

この光の正体については未だ不明であり、後代の付会とする見方もあるが、この竜口に連行される直前、鎌倉にある鶴岡八幡宮の前を通過しかかったとき、日蓮は一行を停止させ、馬から降りると、「八幡大菩薩に最後に申すべきことがある」として、八幡宮の社殿に向かって、「実に八幡大菩薩は本当の神か」と語りだし、最後にこう述べる。

今夜、日蓮が首を切られて霊山浄土《りょうぜんじょうど》へ参ったときには、「まず天照大神や正八幡大菩薩こそ、誓いを果たさない神である！」と、遠慮せずに教主たる釈尊に申し上げることになるだろう。もし〔心に〕痛みを感じるなら、急いで考えられるがよろしかろう（『種種御振舞御書《しゅじゅおふるまいごしょ》』）。

神をも叱責するという日蓮の姿勢には法華経に生きる日蓮の凄みを感じさせるが、このように日蓮における神の位置づけは、従来の神祇観とは違い、基本的に法華経（あるいは法華経の行者）の護持との関係で説かれている。

ではこの態度を前提に、もう少しくわしく日蓮の神祇観を探っていくが、日蓮の神祇観には時期によって変遷が見られるので、その変化に注目しながらまとめてみよう。

日蓮の神祇観

神祇不拝の立場を取った法然や親鸞とは違い、日蓮は神祇を積極的に位置づけた。たとえば、『聖愚問答抄』では「日本はイザナギとイザナミがこの国を作り、天照大神がお出ましになって、五十鈴川の流れは久しく、今まで絶えたことがない」と述べる。日蓮は日本の神祇を容認していることをまず最初に確認して、つぎに進もう。

先ほど、日蓮の『立正安国論』にはインド大乗仏教以来の護国思想を継承していることを述べたが、まずは『立正安国論』に注目してみよう。『立正安国論』は「客（北条時頼を想定）」と「主人（日蓮）」との会話問答形式で構成され、一〇段からなるが、その第一段（冒頭）で、護国と神の関係が明瞭に説かれている。

まず客の「近年、天変地異・飢饉・疫病が流行り、仏法が廃れているのは、いかなる理由によるのか。これはいかなる禍いや誤りによって起こったのか」という問いに、主人はつぎのように答える。

世の人々が皆、正しい教えに背き、人々はことごとく悪法に帰依した。そのために、善神は国を捨てて立ち去り、聖人も去って還ってこない。そのために、悪魔がやって来たり、悪鬼がやって来て、災いが起こり、厄難が起こるのだ。

つまり、「正法背棄→悪法帰依→善神捨国→聖人辞所→悪魔跳梁→災害続出」という図式である。国主（時の権力者）が正法である法華経を尊重し、それに基づいて政治をしなければ、災難が続き、最終的に天変地異に至るというのが日蓮の主張だ（佐々木［2014］）。

日蓮は法然の念仏を禁止して法華経の教えを弘めれば、国土は自ずと安穏となり、人々の平和な生活が実現すると説いた。しかし残念ながら、この進言は採用されないばかりか、伊豆伊東への流罪に処せられたことはすでに指摘したとおりである。

それはともかく、護国経典とまったく同様に、国主が仏法に基づいて政治をしなければ、善神は国を捨て、聖人もどこかへ去ってしまうため、天変地異が起こるというのであるから、神の存在は仏法に基づいて政治を行う国主を守護し、その国土を安寧にするという役割を担っていることがわかる。

このように、佐前の日蓮は、日本国が天照大神に属し、その保護下にあると思念していたので、この時期の日蓮は懐疑・批判なき神祇観を抱いていたと考えられる。しかし、佐渡流罪を機に日本の神々にも疑問を抱くようになる。

先ほど八幡神を叱責した話を紹介したが、その他にも、「このような大悪〔の魔王〕

は、梵天や帝釈《たいしゃく》天でもなお防ぎかねる。ましてや日本を守護する小神など言うに及ばない。地涌の大菩薩・釈迦仏・多宝仏・諸仏の御加護がなければ、防ぐことはできないのである」(『真言諸宗違目』)とし、日本の神々を「小神」と捉える。さらに佐後の日蓮は、一二七四年の蒙古軍来襲による筥崎《はこざき》八幡宮社殿焼失と一二八〇年の鶴岡八幡宮の炎上を機に、『諫暁八幡抄』でつぎのような神祇観を表明する。

八幡大菩薩は本地身として月氏〔中央アジア〕で真実の法華経を〔説き〕、ついに日本国で〔八幡大菩薩として垂迹してからは、法華経を〕「正直」の二字に収めて賢人の頂に宿ろう〔と誓った〕。〔中略〕この大菩薩は宝殿を焼いて天に上られようとも、法華経の行者が日本国にあるならば、〔必ず下って〕その〔行者の〕場所に住まわれるに違いない。

ここには、佐前における日本固有の神祇観はない。ここで説かれているのは、法華経の行者だけを守護する「法華経神祇」ともいうべき立場だ。これは日本守護の神々を法華経の守護神に改神したことを意味すると佐々木［2004］は言う。

日蓮の神祇観は、日本の伝統的な神祇観から出発しながらも、法華経の護持、あるいは法華経の行者の守護という観点から日本の神祇観を見直し、日蓮独自の神祇観を確立していることが確認された。

ただし、その救済論において、神々を始めとする垂迹がブッダと衆生との間に介在することを認めなかった点で、日蓮と法然とは共通する（佐藤［2003］）。

第四章　個人vs.社会——国家や社会との関係

政治と宗教

現代人の目から見れば、政治と宗教の関係は、日本国憲法で定められているとおり、「政教分離」の原則が常識である。しかし「政治」の「政」はもともと「まつりごと」と読み、「祭り事」すなわち「宗教」と関連する。古代において、祭祀の執行と人民の統治は別物ではなかった。

仏教が伝播した国によって両者の関係はさまざまだが、日本では、その伝来当初より政治権力との密接な関係において仏教は受容されていく。政治的事情が絡んだ、蘇我氏と物部氏の崇仏廃仏論争に端を発し、奈良時代には鎮護国家のもと、出家制度も国家の監督下に置かれた（平岡［2016b］）。

平安時代になると、律令体制の崩壊とともに、国家は仏教に対する規制を緩めたため、教団は自由を手にした代わりに財政的基盤も失った。そこで顕密仏教が生き残りをかけてとった方策の一つが「王法仏法相依論」であり、もう一つが安定した経済基盤を確保すべく荘園経営に乗りだしたことであるが、ここで仏教がイデオロギーとして利用されることになり、法然の教えが深く関与することになる（後述）。

では、顕密仏教が王法仏法相依論による国家との結びつきに腐心する中、法然や日蓮は国家や政治、また社会に対してどのようなスタンスを取ったのか。これについても、法然と日蓮は極めて対照的な態度を取るので、比較してみよう。

法然と政治権力

法然が活躍した時代、本覚《ほんがく》思想の影響もあり（後述）、出家者と在家者のボーダレス化が進んだ。日本中世では、皇族・貴族をはじめ、武士や民衆にまで在家出家が流行する一方、寺院では寺僧に加えて荘園や門跡運営などの世間的業務に従事する寺官（世間者）が登場する。こうして世俗は仏教化し、仏教は世俗化し、結果として「戒律の軽視」にもつながってしまうが、これにより、顕密僧の妻帯は常態化した（平［2017］）。

また当時、寺内では階層化が進み、「学」の研鑽を本務とし、法会・修法を勤める「学侶」と、「行」を重視した寺内の雑務に携わる「堂衆」とに大別されたが、このような寺内秩序から離脱し、別所（本寺から離れた別院）などで暮らしたのが聖《ひじり》（遁世僧）と呼ばれ、法然はこの聖に属する。比叡山で出家した法然はさらに遁世を実行し、一八歳で遁世してから四三歳に回心するまでの二五年間、黒谷に引きこもった。

国家の政治はおろか、寺内の政治からも距離を置いた法然が、政治権力や政治自体に興味を示すはずはなかった。法然の関心は、末法の時代に、自分も含め、すべての衆生が救われる教えの模索であった。本来、宗教は「私」と「絶対なるもの」との関係を問題にするが、法然はこの問題をとことん突き詰めた結果、本願念仏を発見し、さらにそれを選択本願念仏に発展させ、末法における個人の救済を説いた。

そして法然の教えは「凡夫の私が念仏を称えて極楽に往生すること」以外にないのであるから、そこに政治の関与する余地はない。また、往生する先の極楽浄土はすでに阿弥陀仏の本願成就によって完成されているので、凡夫自体が浄土建立に関してなすべきことは何もない。

ただし、法然浄土教も大乗仏教の教えを汲むのであるから、極楽往生がゴールではない。極楽往生の後にはそこで修行し、今度は自ら菩薩あるいは仏として浄土建立を目指さなければならず、その時点で政治や社会は問題になるが、少なくとも、今生において政治や社会と関わることはない。今生でなすべきは、往生のための念仏行のみ。

では、法然の教えは政治や社会と無縁であったかというと、そうではない。無縁どころか、〝結果として〟ではあるが、社会を変革する大きな力を発揮した。

荘園をめぐる闘争

では、その点を佐藤［2014a］に基づきながら確認してみよう。

中世において呪力は圧倒的なパワーを持ち、農業においても神仏に対する祈禱が生産（豊作か凶作か）を左右すると考えられていた。こうした状況下、権門寺院は鎮護国家と五穀豊穣の祈りを担当し、民衆は祈りの世界の呪力に大きく依存していた。つまり、寺院は五穀豊穣の祈りを捧げ、民衆に便宜を図る代わりに、民衆は寺院に対して年貢を奉納しなければならなかった。

こうして、ギブアンドテイクの関係に基づきながら、顕密仏教の僧侶たちは民衆を支配していく。一般に支配者と被支配者の関係は人と人との関係であるが、支配者が宗教者である場合、事情は大きく異なる。つまり、支配者側の僧侶や神官は人間でありながら、神仏という超越者の威を借りることになり、僧侶や神官の命令は「人の命令」を越えて「神仏の命令」という色彩を帯びることになる。

こうなると、民衆がなすべきことは念仏でも読経でもなく「年貢を納めること」であり、支配者側は年貢を納めれば極楽にいけるが、そうでなければ地獄に堕ちると民衆を脅すことができた。つまり、領主に年貢を納めるという〝世俗的行為〟は、同時に神仏への奉仕という〝宗教的行為〟でもあるという二重性を孕むことになった。

この背景には「荘園は仏土」という論理がある。荘園での活動は仏土での活動ゆえに、年貢の奉納は仏への奉仕、逆に年貢の未納は仏に対する背反行為と位置づけられた。こうして、仏教思想は領主が民衆を支配するイデオロギーとして利用されていく。

これでも充分に悪質だが、さらに質が悪いのは、僧侶が年貢を納めない（納められない）民衆に仏罰神罰が下るよう呪詛していたことだ。来世における堕地獄の恐怖をちらつかせ、現世の民衆を支配していたので、来世の問題は現世の問題そのものであった。

これに対し、農民側はどう対抗したのかというと、彼らは「仏に仕える者というなら、それだけの条件と身分を保障せよ」と領主側に迫り、自分たちの権益を守ろうとした。これが当時の〝合法的な〟農民闘争の最も一般的な形なのである。

一方、〝非合法な農民闘争〟もあった。合法的な闘争の場合、支配者側と被支配者側にとって神仏の威光を背景とする荘園支配の正当性自体は所与の前提として認められていたから、問題が生じても、ひとたび両者の間で和解が成立すれば、もとの状態に戻る。

この場合は、荘園支配自体は問題視されない。

しかし、非合法な闘争では、まさにこの前提こそが争点となる。つまり、荘園に君臨する神仏の権威自体が問題になるので、これは荘園体制の根幹ともいえる宗教支配の否定を意味し、結果として荘園体制の存続を危うくする問題に発展する。これは体制のあり方そのものを問う政治闘争であり、既存の秩序への正面からの反逆・革命であった。よって、このタイプの闘争は権力側から非合法とされ、徹底的に圧殺された。くわえて、当時の宗教事情からすれば、中世の民衆が神仏の存在を否定することは不可能であるから、闘争はおおむね合法的に行われた。

しかし、民衆が自らの権益に目覚め、さらにそれを拡大しようとすれば、最終的には荘園を支配する神仏と対決しなければならなかった。神仏の存在自体を否定できない中世の民衆が、宗教的権威を楯にして支配を貫こうとする荘園領主に対抗するには、既存の神仏に代わる新たな精神的シンボルが不可欠だった。彼らが荘園に君臨する神仏の呪縛から完全に解放されるには、荘園鎮護の神仏を棄てて、別の宗教的権威に帰依する必要があったのである。

法然仏教が社会に与えた衝撃

圧政に苦しむ民衆は、法然仏教の専修念仏の教えや救済仏である阿弥陀仏に希望を見出した。法然仏教と出会う前の民衆が抱く仏のイメージは、おおよそ「年貢を納めて義務を全うすれば、現世での利益と来世での往生を約束してくれるが、年貢を納めなければ、自分たちに恐ろしい仏罰を下し、祟りをなす存在」というものだった。

これに比べ、法然仏教の「善人も悪人も、富者も貧者も、男も女も、ただ口に南無阿弥陀仏と称える称名念仏という易行のみで、みな平等に極楽往生できる」という教えは、彼らに無上の喜びを与えたに違いない。

専修念仏に帰依した人々は、既存の神仏に対する信を失うのみならず、その権威を否定することになった。これは顕密仏教側からすれば、自分たちの神仏への奉仕が拒否されることを意味し、それは領主への敵対となるばかりか、神仏の権威をイデオロギーの柱とする国家支配・荘園制支配そのものに対する明白な反逆を意味した。顕密仏教側にとってこれほど都合の悪い教えはない。

だからこそ、阿弥陀仏以外の神仏を重視しない念仏者に対して、顕密仏教はもとより国家権力までもがヒステリックに反応し、異常な敵意を燃やして弾圧に奔走し、「国家を危うくする者」と非難した。このように、顕密仏教を含む当時の国家権力と法然との間に繰り広げられた相克は、単なる思想や信仰レベルの対立ではなく、支配体制の存亡にかかわるものだったのである。だからこそ、法然の教えは、支配者からすれば目障り・耳障りであったのだ（佐藤［2014a］）。

法然は荘園体制を崩壊させるために選択本願念仏を唱えたのではなく、宗教的平等性を追求した結果、選択本願念仏に辿り着いた。しかしこの教えは、支配者のイデオロギーに呪縛され、荘園体制下に搦め捕られた民衆を結果として解放する教えとなった。しかも、世俗の価値観では、搾取する領主と搾取される民衆の主従関係は覆しようがないが、法然は、民衆も領主も阿弥陀仏の前では凡夫として平等と見る。

そう考えると、法然の教えにはすべての人間を平等に捉える特徴があり、ここに法然の教えを「社会性」から捉えなおすという視点が生まれてくる。事実上、法然は諸行を否定し、往生行として称名念仏の一行を選び取った。往生行を称名念仏に一元化したことは、往生する主体である衆生の機根（能力）も「凡夫」に一元化されることになる。

顕密仏教が機根の多様性を認めるのは、インドのカースト制度と同じく、それが僧侶（勝根）をはじめとする体制側の身分を保障し、民衆（劣根）の支配を正当化できるからだ。したがって、穏健に見える顕密仏教もひとたび自分たちの地位の保全に異を唱える者（法然など）が現れれば、それを徹底的に排除し、弾圧を加える攻撃性を持つ。

機根の多様性を認めるか否かは、人間をどこから見るかによる。人間の側から見れば、人間の能力は千差万別だが、仏（とくに阿弥陀仏）の側から見れば、その差は無きに等しい。法然の視点は常に阿弥陀仏の側にある。こうして救済の対象は「凡夫」として一元化され、その一元化された凡夫はみな、念仏で平等に救済されるというのが法然仏教なのである。

とするなら、衆生は念仏でみな極楽に往生するという〝来世〟での宗教的平等性の担保は、現世では凡夫としてみな同じという〝現世〟での宗教的平等性の担保を意味する。平［2001］は、「法然が追求したのは来世の平等ではなく、現世の平等でした。往生行をもっとも低劣と見なされているものに一元化すれば、現世の宗教的平等を主張することができる、ここに法然の最大の思想的発見があります」と述べる。

法然の教えは、〝個人〟が念仏を称え、死んでから〝来世〟で極楽浄土に往生するという教えであるから、どうしても視点は個人や来世に行きがちだが、法然浄土教はこの世で生きる人間がみな凡夫として平等であることを唱える教えでもある。つまり個人を越えて社会全体も視野に入ってくるので、〝今世〟や〝社会〟という側面も無視できない。だからこそ、法然仏教は荘園体制そのものにも揺さぶりをかけ、圧政に苦しむ農民を解放する教えとしても機能したのである。

そう考えれば、法然の教えは、まずは個人から出発し、結果として社会に影響を与えたことになるが、つぎに取りあげる日蓮は、その逆、つまり、まずは政治や社会に働きかけ、それが個人の幸せに影響を与えると見たのである。

『立正安国論』の思想

すでに見たように、日蓮の教えは政治との結びつきが極めて強い。くわえて日蓮は最初、体制志向の人間であった。ここだけ見ても、法然と対照的である。では『立正安国論』を中心に、日蓮と政治・国家、および社会の関係をまとめていこう。

まずは『立正安国論』の全体像を俯瞰しておこう。本書が「客（北条時頼を想定）」と「主人（日蓮）」との会話問答形式で構成され、一〇段からなることはすでに触れたが、その内容は大きく三つに分かれる（末木［2010a］）。

（一）第一段〜第三段：災害の理由を一般的に論じる
（二）第四段〜第六段：具体的に法然の浄土宗こそ災害を招く邪教であることを説く
（三）第七段〜第九段：それに対する対処の方法を論じる
［第十段は「結び」］

法華経の中で、ブッダは「この経が自分の成道後、四十余年が経過した後に説く経であり、ここにいたって初めて真実の教えを明らかにする」と語る。これに基づけば、それまでに説かれた教えは仮（権）の教え（権教）であり、法華経こそが真実の教え（実教）となる。にもかかわらず、「法然は法華経を無視して念仏の教えを説いた」ことを日蓮は批判する。そして法然が実教である法華経を蔑ろにしたことで災難が頻出すると考えた。

日蓮は国土を安寧にするために、二つの段階を考えていた。第一段階は、マイナスの状態をゼロに戻すこと、そして第二段階はゼロからプラスの状態に引き上げることだ。当時はすでに念仏の流行によって災難が続き、マイナスの状態にあったわけであるから、まずはこの状態をゼロに戻す必要があると日蓮は考えた。そのための方策として、国主は邪法である専修念仏を禁止すべきだと主張したのである。

第七段から第九段ではその具体策が説かれるが、ここでは「誹謗の人を禁じ、正道の人を重んじること」（第七段）、「誹謗の人に対する布施を止めること」（第八段）などが説かれ、それに信服した客は邪法を退治することを誓う（第九段）。専修念仏を禁止して天台宗を中心とする伝統仏教を復興し、善神と聖人をこの世に呼び戻すのが日蓮の描く安国への第一段階だった。しかし、安国の理想はこれで終わらない。つぎに行うべきはゼロからプラスへのプロセスである。第九段の主人の言葉に注目してみよう。

あなたはすぐに邪な信仰を改め、直ちに実乗の一善（法華経）に帰依せよ。そうすれば、三界（この世界）はそのまま仏の国となる。仏の国は決して衰えない。十方（の世界）はすべて浄土となる。浄土は決して破壊されない。国が衰えることなく、世界が破壊されなければ、身は安全であり、心は平穏である。

ここに至って主人は伝統仏教総体の擁護者としての立場から一歩踏み出し、仏法の中でも最高の教えである「実乗の一善（法華経）」を選び取り、それを実践することで得られる、より高度な境涯を論じている（佐藤［2014b］）。

王法か仏法か

ではここで、日蓮における王法と仏法の関係を考えてみたいが、その前提として、王法の主体、すなわち当時の権力者についての日蓮の見解を、佐藤［2014b］によりながら、整理しておこう。

念仏の禁止を求めた要求書の上呈は、院政期から顕密仏教によって繰り返し行われてきたが、その提出先は、「興福寺奏状」に代表されるように、朝廷であった。だが、日蓮は『立正安国論』を幕府方の北条時頼に提出した。鎌倉期以降、政治の実権を誰が握っていたかについては諸説あるが（一つの国家論／二つの国家論）、日蓮はこの問題をどう考えていたのか。

日蓮は終生、同時代の日本の支配秩序の最高位にある人物、すなわち「国王」を天皇と考えていたが、一方では「国王」のもとで実質的な権力を握る人物を「国主」と記した。日蓮は承久の乱を契機として、この「国主」の地位が天皇の父である院から得宗《とくそう》（北条氏の家督）に移行したと見た。

日蓮が見ていた当時の日本は、京都にいる天皇（国王）のもとで鎌倉幕府の実権保持者（国主）が実質的な全国支配の機能を行使する一つの国家であった。よって、日蓮は実質的権力保持者である国主に『立正安国論』を上呈し、悪法たる専修念仏の禁止と正法たる法華経の確立を迫ったのである。

では、日蓮は国主をどう捉えていたのか。『立正安国論』に先立って著された『守護国家論』の記述をもとに考えてみよう。ここでは、ブッダが仏法の保護と伝道を国主に依託したのであるから、悪法の禁断や正法の宣揚もまずは国主によってなされるべきであると日蓮は繰り返す。

あらためて日蓮が王法と仏法の関係をどう考えていたのか見てみよう。王法仏法相依論の原則は、王法と仏法とが相依って安国が実現するというものだが、政治を意識した日蓮は既存の政治権力を無条件に肯定していたわけではないし、王法と仏法との価値を同等に見なしていたわけでもなかった。

権力者に仏法が依託されたことにともない、仏法の正邪を正確に判断し、正法を興隆して安国を実現すべき義務も同時に課せられると日蓮は考えた。日蓮によれば、国主は仏法に基づく政治を最優先させる義務があり、それを怠るようなことがあれば、その国土には天変地異が続出し、国主はその地位を失って地獄に堕ちるとされた。

「国家」とは本来、領土とそこに住む人々からなり、政治組織を持つ政治的共同体を意味する。つまり主権・領土・人民という三つの要素を含むが、日蓮以前の王法仏法相依論での王法は、「国家」の三要素のうち「主権」に重点が置かれ、王法の擁護自体が「安国」と同義語となり、目的化していた。これに対し日蓮は、いったん「国家」から分離した王法を「安国」成就の手段として位置づけたのである。

「先ず国家を祈って」を巡る問題

『立正安国論』の第七段には、「先ず国家を祈って須《すべか》らく仏法を立つべし」という有名な一文がある。一見すれば、国家（あるいは王法）の優位を説いているかに見えるこの一文は、日蓮を国家主義者に仕立て上げようとするのに極めて好都合な表現であった。この表現を巡ってはさまざまな解釈が生まれたが、現在ではどのように解釈されているのであろうか。「仏法」に対する「王法」の優先を説くものと捉える今日の定説的解釈に異を唱えるのが佐藤［2008］だ。

この一文自体は客の発した言葉なので、主人の考えを反映したものではないと理解することも可能だが、むしろこの段階での両者の一致点を確認したにすぎないと佐藤は考える。ゆえにこれは日蓮の思想を反映した言説となる。では日蓮は仏法よりも王法を優先させたのかというと、そうではない。ならば、この一文はいかに解釈すべきか。

佐藤はこの一文の直前に置かれた表現に注目するが、そこには「国は法によって繁栄し、仏法はそれを信ずる人によって輝きを増す」とある。よって、正しい仏法の興隆なくして安国もないというのが、両者（主人と客）の議論の前提である。それをふまえて「先ず国家を祈って須らく仏法を立つべし」を解釈すると、「個人の往生や菩提などを祈るよりも、我々の住んでいる国土の安穏と人々の平和な生活を優先して考える必要がある」という主張として読むことができると佐藤は言う。

国家滅亡の危機に瀕している現在は、何よりも仏法存続の基礎となるべき国土と人民の安穏を祈らなければならない、つまり社会全体が平和にならなければ個人の救済もありえないという、日蓮の立場が端的に表明されていると言うのである。ここには、個人の往生を優先する念仏者（とくに法然）に対する、日蓮の批判が含意されていると佐藤は指摘する。

顕密仏教の王法仏法相依論では、基本的に王法と仏法は車の両輪の如く同等のものであり、一方では仏法が王法を導くとしても、他方では世俗の事柄に関して仏法は王法に従うべきものと考えられていた。それに対し、法然は仏法を王法から切り離し、仏法の純粋性と政治からの超越を図ろうとした。

しかし日蓮は、そのいずれとも相違し、仏法の王法に対する絶対的な優位を説き、その点で最も徹底していると末木［2010a］は指摘する。しかし仏法の優位を説くとはいえ、日蓮が理想とする安国の実現には王法の存在が不可欠であり、この「政治の関与」という点に日蓮の仏教の特徴を認めることができるであろう。これは法然にはまったくない視点である。

個人の救済から出発して、図らずも社会変革につながったのが法然の仏教なら、国家の変革による国家の安寧が実現されれば、それは必ず個人の救済に繋がるというのが日蓮の仏教ということになろう。

日蓮の国家論

では最後に、日蓮が「国家／安国」をどう考えたのかを、佐藤［2014b］に基づきながら整理する。日本古代において「国家」は、第一義には天皇を意味した。古代の律令制で天皇は国家の唯一の主体者であったため、古代仏教で言う「安国／護国」という言葉も必然的に「天皇を護る」という意味を帯びるようになり、この傾向は中世の仏教にも継承される。

また当時の権門寺院の僧侶たちは天皇家や上級公家の出身者によって独占されていたから、彼らの言う「護国」とは自分たちの特権的地位を享受できる支配体制の護持を意味していた。よって、そこには「民衆の幸福」など意識されることもなかったし、あったとしてもそれは中心的地位を占めることはなかった。

一方、日蓮の想定する国家は、単に天皇や支配機構の頂点にある権力者を指すのではなく、環境としての国土と、そこに住む人民を中心概念とするものであった。そのため、日蓮のいう「安国」は天皇や既存の政治体制の安泰という意味を越え、すべての民衆の平和な生活というイメージを中心的意味として持つことになった。

末木［2010a］も同様の指摘をしている。日蓮の言う「国」は人々の生活から遊離したところにある「国家」ではなく、また「国」に「囻」という字を当てていることから、人々が生活する場として国を捉えていた。また『立正安国論』には「国土泰平・天下安穏は、一人より万民に至るまで、好む所であり、楽《ねが》う所である」とあることから、一人

（支配者）だけでなく万民のものとして国（家）を考えていた。

以上が日蓮の国家観の基本だが、他の思想と同様に、この国家観も時の経過とともに徐々に変容していく。とくに重要なのは、「釈尊御領観《しゃくそんごりょうかん》」であろう。佐渡流罪に前後して、日蓮は法華経の如来寿量品で説かれる「久遠実成」のブッダを実体視し、それを全宇宙の一切を支配する〝人格神〟と発想するようになる。

初期の段階で日蓮はブッダを内在的（精神的）に捉えていたが、佐渡流罪以降は外在的（肉体的）に捉え直すようになる。たとえば、佐渡流罪の二年前に著された『法門《ほうもん》可被申様事《もうさるべきようのこと》』には、つぎのような記述が見られる。

梵天や帝釈天などは我らの父親である釈尊から所領を預かり、正法〔を弘める〕僧侶を助け守るために随従させられた者である。毘沙門《びしゃもん》（天）などは四天下の主ではあるが、彼ら（梵天と帝釈天）の門番にすぎない。また四州の王たちは毘沙門天の家来である。その上、日本秋津島は四州を治める輪王の家来にも及ばない。ただ島の支配者というだけだ。

世界の頂点に釈迦如来（ブッダ）が君臨し、その下に順次、梵天・帝釈天―毘沙門天―転輪王（輪王）―日本国王という仏神界と人間界の双方を貫通する重層的な階層関係を日蓮は想定した。こうして、日蓮は本仏であるブッダからはじめ、インドの神々から日本の国王までを一直線に結びつける独自のヒエラルキーを構築したのである。ここに至って、日本の国王（天皇）や国主（時の権力者）は完全に相対化され、仏法の王法に対する優位が揺るぎなく確立された。

近代以降の展開――政治と宗教

いきなり時代は飛ぶが、近代以降における政治と宗教の問題について簡単に触れておこう。というのも近代以降、仏教が国体論を支え、ひいては太平洋戦争に加担した事実があるからである。

浄土宗僧侶で、共生会（共生思想の啓蒙や共生に関する社会的実践を支えた団体）を立ち上げた椎尾弁匡《しいおべんきょう》は政界に進出し、衆議院議員に三度当選した経験がある。その背景には何があったか不明だが、少なくとも政治活動を通じて法然浄土教の理念を実現しようとしたわけではなかった。

新井俊一［1999］は「椎尾の共生思想は、国粋思想の土台の上に仏教の論理を展開した感が強い。自分で意識していたかどうかは分からないが、皇国あっての『共生』を説いていたようである」と指摘する。その当否はともかく、「阿弥陀仏という絶対的存在によって、人間はすべて凡夫に一元化される」という法然の浄土教は、近代の皇国史観と親和性を持つことになり、この法然の浄土教をさらに先鋭化して「絶対他力」を説く親鸞の思想は、国粋主義者に恰好の論拠を与えることになった。

中島岳志［2017］によれば、自力を捨てて他力にすがるという基本姿勢は、漢意《からごころ》（人間の賢しらな計らいすべて）を捨てて神の意志に随順する精神として受け継がれ、国体論は国学を通じて法然や親鸞の浄土教の思想構造を継承しているという。「阿弥陀仏と凡夫」の関係は「神（天皇）と日本国民」にそのままスライド可能なのである。

とすれば、浄土教が国体論の影響を受けたのではなく、国体論が浄土教の影響を受け、法然や親鸞の思想構造が国体論の思想構造を規定していることになるが、太平洋戦争では、浄土教が生み出した国体論が逆に浄土教を飲み込んでいく現象が起こったと中島は指摘する。実際に真宗の金子大栄（一八八一～一九七六）は、時機相応の教法を模索し、戦争を正当化しようとした。

法然や親鸞の思想構造が国体論と親和性があることは確かだが、本章で見たように、その教えは直接政治と結びつくものではなかった。一方、日蓮の思想は最初から政治と深く関与していたので、近代以降、日蓮の信奉者は政治と関わる活動を展開した。国柱《こくちゅう》会《かい》（在家日蓮主義教団）を創立した田中智学《ちがく》（一八六一～一九三九）から見ていこう。

彼は皇国史観と日蓮信仰を結びつけ、法華経と国体との一致（王法と仏法との冥合《みょうごう》）を主張し、大日本帝国の力で法華経による世界統一を果たそうとする野望を持っていたとされる。また満州国建設を指揮した軍人の石原莞爾《かんじ》（一八八九～一九四九）は田中智学の影響を強く受け、太平洋戦争を日蓮が予言した世界統一のための戦争と位置づけ、侵略のイデオロギーの一翼を担った。

当時の仏教はいずれも戦争に引きずり込まれ、何らかの形で戦争に加担したが、禅や浄土系の思想が時代に後ろからついて行ったのに対し、日蓮主義は先頭に立って侵略の時代を作り出した（末木［2010a］）。

そして戦後になると、日蓮正宗《しょうしゅう》と密接な関係にあった創価学会（最初の名前は「創価教育学会」）が政界に進出することになる。牧口常三郎《まきぐちつねさぶろう》（一八七一～一九四四）の後を承けて第二代会長に就任した戸田城聖《とだじょうせい》（一九〇〇～一九五八）は、国立戒壇の建設を目指し、衆議院で過半数を占めることで、日蓮正宗を国教にすることを議決するために創価学会を政界に進出させたが、独自の政党を結成することは否定していた。

しかし、戸田を承けて第三代会長に就任した池田大作（一九二八～）は組織を拡大させ、巨大教団への道を歩むべく、一九六一年に公明政治連盟を作り、一九六四年に王仏冥合・仏法民主主義を基本理念として公明党を結成し、独自の政党が誕生した（島田裕巳［2007］）。

とくに近代以降、現在に至るまで、日蓮主義が政治と密接な関係にあるのは、その根本である日蓮の思想自体によるのは明らかであろう。

第五章

来世 vs. 現世——浄土の在処

浄仏国土と菩薩行

浄土の在処について論じる前に、その前提となる三つの点について確認しておく。浄土という思想、中世の日本仏教で大きな影響力を持った天台の本覚思想、そして末法思想の捉え方、の三点である。

大乗仏教の浄仏国土思想に由来する浄土は、一般的に「浄らかな（仏国）土」を意味するが、「（仏国）土を浄める」とも訓読できる。「仏国土を浄める」ことがまずあり、その結果として「浄らかな仏国土」が現出する。大乗経典にはさまざまな浄土が説かれているが、最も人気を博したのが阿弥陀仏の浄土である「極楽」だ（「浄土」は普通名詞、「極楽」は固有名詞）。

伝統仏教は、覚りを開いて苦から解脱し、輪廻《りんね》を超越した涅槃に入り、二度と再生しない状態に入ることを理想とした。問題はあくまで個人の心の持ち方次第であり、環境などの外的要因に関心が向くことはほぼないが、住む場所と覚りとは深い関係にある。

たとえば、伝統仏教では六道輪廻が説かれるが、地獄・餓鬼・畜生・阿修羅は苦しみが多くて修行どころではない。しかし天界（神の世界）は逆に楽しみが多すぎ、怠惰に時を過ごして修行には身が入らないという。

こういうわけで、覚りを開くことができるのは、人間界のみということになる。初期経典を見ても、人間界の領域以外で有情（生きもの）が覚りを開いたという話は存在しない。苦と楽とがほどよく味わえる人間界が覚りに適していると、伝統仏教では考えられていた。これを推し進めると、人間界以上に修行に適した場所を志向する考え方が出てきても不思議ではなかろう。こうして、他方仏国土や浄土思想が誕生する素地ができあがる。

仏の住む場所が浄らかだとすれば、浄らかな国土（浄土）は、それを建立した仏の修行の結果と考えるのが自然である。こうして、大乗仏教の浄土思想は開花した（平岡［2016a］）。無量寿経の法蔵菩薩に代表されるように、大乗の菩薩は、仏のもとで誓願を立て、その誓願を実現するために長時に亘る修行を重ね、ついには浄土を建立して衆生を教化することを理想とするから、浄仏国土思想は菩薩思想とセットなのである。

いかなる浄土も、穢土《えど》である苦しみ多きこの娑婆世界のカウンターとして説かれるから、娑婆世界とは次元を異にする他方に存在するとされた。「娑婆」とはインドの古典語「サハー（sahā）」の音写語であり、「忍土（苦に堪え忍ぶ国土）」の意であるから、本来は否定的に理解される。

よって法然はこの穢土を厭離《おんり》し、遥か彼方の西方に位置する極楽浄土に往生することを願ったが、日蓮はこの娑婆世界こそを浄土に変革しようとした。ここに両者の大きな相違点が確認できよう。法然の浄土観は一般的であるが、日蓮の浄土観は極めて異質であり、逆に言えば、ここにこそ日蓮の特徴がある。

本覚思想

つぎに本覚思想を取りあげよう。これを踏まえると、法然と日蓮両者の浄土観の相違が理解しやすくなるからだ。平安時代、日本の仏教を考える上で重要なのが、天台の「本覚思想」である。「本覚」とは「始覚」に対する言葉で、「本来的に衆生には自覚の性質があること」、始覚とは「自覚していない衆生が始めて覚ること」を意味する。本覚思想は、具体的な現象世界をそのまま覚りの世界として肯定する思想であり、中世の日本仏教を席巻した。

仏教は覚りを目指すが、覚りとは何か別の世界に移行するのではなく、この世界の認識が変わるだけだ。この世界は実体のないもの（空）として、その実体性は否定されながらも、それをそれとして体得されるべき対象でもある。そう考えると、否定されるべき現象世界が真理そのものの世界（真如・諸法実相）として肯定されるようになる。

縁起の関係は、紙の表裏のように別々には分けられず、「不二《ふに》」の関係にあることを意味する。互いに矛盾するものが実は個別に独立して存在するのではなく、不二であると説く。「不二」は「一」ではない。裏と表は別ではないが、しかし同一でもない。しかし、「二」にかぎりなく近づいていく。

仏教には矛盾するような表現が目につくが、真実のあり方は縁起あるいは不二あるいは相即（二つの事物が一体になっていること）なのである。その典型例が、「煩悩即菩提（煩悩〔心の汚れ〕は即ち菩提〔覚り〕）」、「生死《しょうじ》即涅槃（生死〔輪廻の世界〕は即ち涅槃〔覚りの境地〕）」、「自利即利他（私の幸せは他者を幸せにすること）」、そして「娑婆即寂光土《じゃっこうど》（娑婆世界〔苦に満ちた衆生が住む世界〕は即ち寂光土〔久遠の仏が住む世界〕）」であるが、いずれも仏教の根本思想から導き出されたものだ。

この本覚思想に重要な役割を果たしたのが、インドの大乗仏教に由来する如来蔵あるいは仏性（一切の衆生は成仏の可能性を持つ）の思想だった。これは内在的な可能性として説かれたもので、修行すればみな覚りを開くことができるということを説くものだったが、本覚思想では、これが「現実に覚りを開いている」と曲解されるようになる。

このように、覚りの世界と迷いの世界が近づき、ついには重なってしまうと、出家者と在家者のボーダレス化も進むことになる。

絶望か希望か

法然と日蓮の浄土観の相違を明確にするため、二人の末法観の相違も確認しておく。

法然は末法を「絶望的時代の幕開け」と見たが、当時の日本人は末法をそのように〝一義的〟には理解しなかった。たとえば、顕密仏教は、末法をイデオロギーとして利用する強《したた》かさを持っていた。律令体制の崩壊により財政的基盤を失ったことで、経済的に自立する必要に駆られ、権門寺院が荘園経営に乗り出したことはすでに説明した。

おりしも日本は末法到来の時期を迎えていたが、顕密仏教は末法の危機感を意図的に煽り、末法克服・仏法興隆を大義名分にして経済的保護を朝廷に要請した。こうして、中世社会の形成は仏法興隆による危機克服という外皮をまとうことになり、末法を克服して平和を実現するには仏法の興隆と寺院の経済的保護が必要だと説く末法思想が、顕密仏教の中世的発展のイデオロギー的武器になっていった（平〔2017〕）。顕密仏教は末法を自己保身の道具に利用したのである。

末法の政治利用は論外だが、日蓮は法然とは対照的な末法観を示す。法然は末法に〝絶望〟を感じたが、日蓮は末法に〝希望〟を見出そうとした。日蓮は末法こそ、題目が流布する時期と理解したのだ。これを「末法為正」という。たとえば、『観心本尊抄』は法華経が末法の衆生を対象としていることを、こう記している。

〔法華経の〕迹門《しゃくもん》（前半）一四品の正宗分の八品をひとまず見ると、〔声聞乗と独覚乗の〕二乗を中心とし、菩薩や凡夫を傍らに置いている。しかし考えなおしてみると、凡夫〔を対象とし〕、さらに正法・像法・末法の凡夫を対象とし、正法・像法・末法の三時の中でも、末法の初めを対象の中心としている。（中略）さらに本門について論じるなら、ひたすら末法の初めの人々を対象の中心としている。

これに続き、つぎのようにも説く。

釈尊がこの世に出現されたのは霊鷲山《りょうじゅせん》で〔法華経を説いた〕八年間の多くの人々のためではない。〔そうではなく、釈尊滅後の〕正法・像法・末法の人々のためである。また〔さらに言えば〕正法・像法の二〇〇〇年の人々のためではなく、末法の初めの私のような者のためである。

末法は決して〝ピンチ〟ではなく、最高の教えである法華経が花開く〝チャンス〟の時代であるというのが日蓮の理解である。つまり時代が末法に突入したということは、新たな仏法、すなわち法華経という最高の真理が開顕される最高の時代の幕開けを意味すると日蓮は捉えた。

そしてその時代に世間を導くのが「私（日蓮）である」と自らを位置づける。『観心本尊抄』の直後に書かれた『顕仏未来記』では、三国（インド・中国・日本）という空間意識に三時（正法・像法・末法）という時間意識が融合し、それに四師（ブッダ・智顗・最澄・日蓮）が配され、「三国四師」という思想が誕生した。

これは正法時にはインドのブッダ、像法時には中国の智顗と日本の最澄、そして末法時には日本の日蓮が、それぞれ法華経の教えに基づいて世間の導師となるという発想である。日蓮はどこまでも「前向き」に末法を理解しようとする。

法然は末法をピンチと捉え、この娑婆世界（穢土）を厭離して、西方の彼方に存在する極楽浄土を欣求《ごんぐ》したが、日蓮は末法をチャンスと見て、末法の今こそ法華経流布によって正法を確立し（立正）、この国を安寧にして（安国）、この世での浄土の建立を目論んだのである。ではいよいよ二人の浄土観の違いを確認していこう。

現世を否定する法然

本覚思想はさまざまな思想に影響を及ぼしたが、当時の浄土教もその例外ではなかった。そもそも、浄土教自体は基本的に二元論の立場に立つ。この世で死んだ後に極楽に往生するのであるから、浄土教は「此岸（娑婆・穢土）／彼岸（極楽・浄土）」という二項対立が前提となる。『往生要集』で源信は、これを「厭離穢土（穢土を厭離する）・欣求浄土（浄土を欣求する）」と明快に表現した。

しかし一元論を骨子とする本覚思想の影響を受けると、浄土教も一元論化していく。本覚思想はこの世をそのまま覚りの世界と考えるから、この世と別に浄土を想定しない。よって浄土も「己心《こしん》の浄土」、阿弥陀仏も「己心の弥陀」のように、唯心論的に解釈されるようになる。また「一色一香、弥陀に非ざる無し」とアニミズム的に現世に引きつけて阿弥陀仏が理解されるので、もはや阿弥陀仏は西方浄土の教主ではなくなってしまう（末木［1992］）。

法然の浄土観は浄土教本来の立場である「此岸／彼岸」の二元論に立ち、両者は厳密に区別され、「此岸か彼岸か」という対比で、此岸が捨てられ、彼岸が選択される。法然の『逆修説法《ぎゃくしゅせっぽう》』六七日に「娑婆の外に極楽有り、我が身の外に阿弥陀仏有すと説く」とあるように、娑婆と極楽、自分と阿弥陀仏が重なることはない。では娑婆世界（此岸・穢土・生死輪廻）を捨て、極楽を願う用例を法然の言葉から拾ってみよう。

・離れ難き輪廻の里を離れ、生まれ難き浄土に往生することは、悦びの中の悦びである（『勅伝』二一）。
・しっかりと念仏なさって、この生涯を限りに迷いの境涯を離れ、極楽にお生まれくださいませ（『勅伝』二五）。
・速やかに〔輪廻を〕脱出する要道を求め、無駄に三途に還ってはならない（『勅伝』三二）。

・深く信心を起こして穢土を厭い、極楽を欣《ねが》うべきことである（『浄土宗略抄』）。

・浄土門というのは、この娑婆世界を厭い捨て、急いで極楽に生まれるのである。（中略）ただ弥陀の本願の船に乗って生死の海を渡り、極楽の岸に着くべきである（『浄土宗略抄』）。

このように、法然浄土教の特徴は厳密な二元論に立ち、現世（娑婆世界）を否定し、来世（極楽浄土）を肯定していることがわかる。法然門下の親鸞は信心を重視し、如来より賜りたる信心を獲得すれば「現世で正定聚《しょうじょうじゅ》（覚りが確定した状態）の位に入る」と説いたので、浄土往生を先取りしている感がある。しかし、法然にはそのような発想はなく、娑婆と浄土とは隔絶した関係にあり、正定聚の位も覚りも、死後、往生してから得られると考えられた。

法然と本覚思想との関係についてはいくつかの研究があり、論拠はそれぞれだが、法然仏教を本覚思想とは異質な教えとして位置づけることは概ね定説となっている（安達俊英［2004］）。よって、法然仏教と本覚思想は交わるところがなく、極楽浄土と娑婆世界の二元論は厳密に遵守されている。

本覚思想は日本中世の仏教のさまざまな局面に影響を与え、浄土教もその例外ではなかった。そのような状況下、法然は本覚思想の「相即の論理」に影響を受けることなく、現世と来世、娑婆世界（此岸）と極楽浄土（彼岸）の二元論を貫き通したところに、その特徴を認めることができよう。阿満利麿［1989］はこれを「日本の精神史において、法然のような徹底した二元論の主張は、ほかに見出せないように思う。この意味でも、法然は貴重なラディカルといわねばならないであろう」と評する。

臨終来迎と復活する現世

浄土教では臨終が重要になる。というのも、臨終は現世の出来事ではあるが、現世と来世の接点になるからだ。平生の念仏を怠らないならば、臨終に際して阿弥陀仏が迎えに来る（来迎《らいこう》）という。

法然以前の浄土教では、正念《しょうねん》来迎（往生者が正念であるから、阿弥陀仏が来迎する）が常識だった。しかし、凡夫が臨終に際して正念（精神の集中）を保つことなどできないので、法然はこれを逆転させ、来迎正念（阿弥陀仏が来迎するから、往生者は正念となる）を説いた。では法然の臨終来迎観を紹介しよう。

・ただひたすらに念仏さえ申せば、仏の来迎は自然の道理であって、疑いない（『勅伝』二一）。

・念仏の行者が心得ておくべきことは、後世を恐れ、往生を願って念仏すれば、命終のときに、必ず〔阿弥陀仏が〕お迎えくださると信じて、念仏をお称えするより他のことはない。（中略）この心が真実であって、念仏すれば臨終のときに〔阿弥陀仏が〕お迎えくださるということを、一念も疑わぬ点を深心《じんしん》という（『勅伝』二四）。

・この名号を称える者は必ず往生する。臨終のとき、〔阿弥陀仏が〕諸菩薩とともにおいでになり、必ず〔浄土に〕迎え取ってくださるから（『十二箇条問答』）。

平生の念仏の功を積んで阿弥陀仏が来迎し、極楽往生することを強調する法然は、現世よりは来世、娑婆世界よりは極楽浄土を重視し、現世や娑婆世界を軽視したかというと、そうではない。浄土往生後に覚りを得れば、いったん捨てた現世や娑婆世界は、成道後に衆生救済の場として復活する。

法然が全面的に依拠した善導の発願文（『往生礼讃』）に「彼の国に到り已《おわ》って、六神通を得て、十方界に入って苦の衆生を救摂《くしょう》せん」、あるいは『法事讃』に「誓って弥陀の安養界に到り、穢国に還り来たって人天を度せん」とあるように、浄土に往生して（往相）修行した後は、衆生救済のために娑婆世界に戻る（還相《げんそう》）ことが大乗菩薩行の精神である。

法然浄土教も大乗仏教の流れを汲むが、法然の著作の中で、往相に言及する記述は多いのに対して、還相の記述は少ない。たとえば、『一百四十五箇条問答』に「ひとたび極楽に往生したら、長くこの世に還ってくることはない。みな仏になるのである。ただし、人を導くためには、ことさらに還ってくることもある」とある。これは還相についてやや消極的な態度と言わざるを得ないが、つぎの記述は明確に還相を力強く表明している。

このような不信心な人を幸せにしようと思うにつけても、早く極楽に往生して、覚りを開いて娑婆〔世界〕に帰り、〔正法を〕謗る者や不信の者も救済して、すべての人々を皆、幸せにしようと思わねばならない（『勅伝』二一八）。

ここでは、娑婆世界で積極的に利他行に邁進する念仏者の姿が描かれている。

現世を肯定する日蓮

法然とは対照的に、日蓮は浄土を他方に求めるのではなく、この娑婆世界こそを浄土と見た。日蓮初期の代表作である『立正安国論』は、その題名のとおり、「正（法）を立てて、国を安んずる論」であるが、敷衍すれば、「〝この世に〟正法（法華経）を樹立して、〝この国を〟安寧にする論」ということになる。

娑婆世界は、法然や親鸞の仏教では〝厭い離れるべき〟対象となるが、日蓮の仏教では〝変革して浄土にすべき〟対象となるのである。ここが大きな違いだ。だから日蓮は、法然の仏教、すなわち浄土を他方に求める考え方を否定する。用例をいくつか紹介しよう。

・この理（この世こそ浄土）を知らずに、この生死を嫌って生死なき浄土を求め、あるいはまたこの理を知らずに、生死は虚妄のものであると見る人もある。悲しむべきである、悲しむべきである（『色心二法事』）。

・法華や涅槃を修する者がいる場所を浄土と思うべきである。どうしてわざわざ他の世界を求める必要があろうか／法華経や涅槃経を信ずる行者は〔この世とは〕別の場所を求めてはならない。この経を信ずる人のいる場所がそのまま浄土である（『守護国家論』）。

・（「法華経の行者はどの浄土を期したらよいか」という質問に対する答え）久遠実成の完全な仏は、この世界にいらっしゃる。この〔国〕土を捨てて、どの〔浄〕土を願うというのか（『守護国家論』）。

このように、法然の考え方が他方に浄土を求めることで現世を疎かにしていると間接的に批判する。こうして浄土にすべき場所をこの娑婆世界に定め、ここに正法を確立して、娑婆世界を常寂光土という浄土に変革するのが日蓮の基本的な考え方である。これを「娑婆即寂光」という。娑婆即寂光は天台教学に由来し、この娑婆世界がそのまま絶対なる浄土と見る考え方であるから、本覚思想の一元論に基づいていることは明らかだが、日蓮はそれをそのまま受け入れたわけではなかった。では日蓮の浄土観は本覚思想の観点から見れば、いかに位置づけられるのであろうか。

法然は「此岸／彼岸」の絶対的な二元論に立つので、本覚思想とは正反対に位置しているが、日蓮はこの娑婆世界を浄土と見るので、その意味では一元論的だが、この娑婆世界をそのまま浄土と見なすのではなく、正法の確立を浄土の条件と見るので、単純な一元論ではない。田村芳朗［1975］は「日蓮はその理念を継承しながらも、理想の浄土を現実から切り離し、今後、実現すべき目標として掲げた」と指摘する。よって日蓮の浄土観は、本覚思想と法然の二元論の中間に存在していると見ることができよう。

日蓮の浄土観は伝統的な浄土観とは対極に位置することになるが、日蓮自身、そのことを明確に理論化している。日蓮の思想は法華経に基づくので、浄土も法華経の権実思想に基づいて解釈され直す。つまり、法華経に拠れば、成道後、四十余年経って、はじめてブッダは真実の教え（法華経）を説いたのであるから、それ以前に説かれた経典はすべて仮（権）の教え（方便教）であるとする。つまり、法華経が実教（真実の教え）であり、それ以外は権教（方便の教え）になるので、浄土の理解もこれに沿って解釈される。『開目抄』の記述を紹介しよう。

今〔法華経〕以前の諸経や〔法華経の〕迹門では、十方〔の世界〕に浄土があり、この〔娑婆国〕土を穢土としていたのが逆転し、この〔娑婆国〕土こそ本当の〔仏国〕土であり、十方〔の世界にある〕浄土は〔釈尊が〕仮に姿を現した穢土となる。

このように、日蓮は穢土（娑婆世界）と浄土（他方仏国土）の位置づけを逆転させてしまうのである。

「霊山浄土」という矛盾

日蓮の浄土観の特徴は、先ほど見たように、この娑婆国土を浄土に変革するところにあり、他方に浄土を認めることを厳しく否定していたが、時の経過とともにその浄土観にも変容が見られるようになる。とくに佐渡流罪以降、日蓮は死後に往詣すべき浄土として「霊山浄土」を説くようになった。

この霊山とは、法華経に説かれる説法の場面のうち、ブッダが多宝如来とともに空中に浮かんだ宝塔で説法する場面（虚空会）のことである。日蓮は死後における久遠本仏との邂逅の場として、ここを霊山浄土と表現したのである。

さて、すでに紹介したように、竜口法難で、頸を切られるべく刑場に連行され、鶴岡八幡宮の前を通過しかかったとき、八幡神を叱りつける言葉の中に、「今夜、日蓮が首を切られて霊山浄土へ参ったときには」とあった。これは死後に往詣する浄土を意味するが、その背後には日蓮のブッダ観の変化が影響していると見ることもできる。

このような変化は佐渡流罪に前後して姿を現すようになるが、日蓮は久遠実成のブッダを実体視したうえ、それを宇宙の一切を支配する人格神と捉える発想が見られるようになり、さらにブッダがいる霊山を、この世とは隔絶した別世界と捉える見方も現れるようになったというわけだ（佐藤［2003］）。これはすでに紹介した「釈尊御領観」に基づいている。

霊山（浄土）の初出は『開目抄』のようであり、日蓮は「私は法華経の信心を破らずに、霊山に参り、（そこから）還って（衆生を）導くように」と記し、迫害で命を落とした後に往詣すべき浄土を「霊山」と定めた上で、「日蓮の流罪は小さな苦であるから、嘆かわしいことではない。来世では大きな楽を受けるのであるから、大いに喜ばしい」と本書を結び、霊山浄土を迫害の相次いだ生前には得られなかった安寧を享受する場として提示する（間宮［2014］）。

そして霊山浄土への言及は、佐後、晩年が近づくにつれ、ますますその頻度を高めていく。在家信者に送った手紙でもしばしば霊山浄土に言及するが、これは法華経信仰者としての死後の安心を教示したもので、彼らの死後の不安を除去したり、死別を体験した家族の悲嘆苦悩を慰めたりするために説かれている（庵谷行亨《おおたにぎょうこう》［2014］）。

『上野殿母尼御前御返事』に「このように情けない国（娑婆）を厭い捨て、（中略）常住で不壊なる霊山浄土へ早くお参りなさい」とあることから、霊山浄土は、日蓮が立正安国に挫折し、現世に絶望して彼岸に救いを求めるようになったところに生まれたとする指摘もある。確かに佐前の日蓮の浄土観、すなわち「浄土はこの娑婆国土に建立すべきである」という理念と、佐後の霊山浄土は矛盾しているかに見える。

これについて佐藤［2003］は、「霊山浄土の信仰は現実では満たされることのない願望と苦痛を、来世浄土での遊楽を想像することによって和らげることになった。その一方で、霊山浄土の観念は、この世での立正安国の実現を目指した、たゆまない折伏《しゃくぶく》の闘争を要求するという機能を果たす」と指摘する。つまり霊山浄土はただ死後の安寧の地というのではなく、現世で誹謗者と戦った者のみが往詣を許される場ということになる。

また庵谷［2014］は、「法華経信仰者は生きている時は娑婆浄土に在り、死後は霊山浄土に往詣するが、その本質は過去・現在・未来の三世を超越した永遠不滅の『本時の娑婆世界』にほかならない。（中略）仏国土である常寂光土は娑婆世界であり霊山浄土でもある。このような時空を超絶した絶対世界が法華経の救いの境界にほかならない」という。「本時の娑婆世界」とは、題目信仰によってブッダと信者が感応道交した「常住の浄土」という境界である。

このように、日蓮の浄土観には変遷が見られるが、晩年になると表面上は明らかに初期の理念と相違するので、霊山浄土は「日蓮の挫折の産物」とも理解される。これを田村［1977］は年代順に整理し、つぎのような変遷過程を想定する。つまり日蓮三〇代の浄土は「常寂光土（＝在る浄土）」、四〇代は「浄仏国土（＝成る浄土）」、そして五〇代は「来世浄土（＝行く浄土）」であるという。人間の思考は時とともに変化するものだが、日蓮の浄土観はこれをみごとに物語っていると言えよう。

第六章

諦念vs.格闘——苦の受容

仏教の業思想

本章では、法然と日蓮がどのように苦と向きあい、いかにその苦を受容したかを比較するが、その前提として、仏教の業思想を簡単にまとめておこう。というのも、苦および楽は、仏教の業思想と深く関連しているからだ。ただし、ここで言う「業」とは「行い／行為」というほどの意味であることを断っておく。

さて、ブッダは生まれ（先天的）よりも行い（後天的）を重視した。なぜなら平等性を追求したブッダにとって、インドの身分制度（カースト）は努力の否定、平等性の阻害を意味するからだ。生まれで人間の価値が決まるのなら、差別は永遠に解消しない。だからブッダは生まれよりも行いを重視した。行いが人間の価値を決めるなら、全員が同じスタートラインに立てる。

ゆえに、ブッダは自らを「業論者／行為論者／精進論者」と規定する。『スッタ・ニパータ』の一節「生まれによりバラモンにならず、生まれによりバラモンならざる者にならず。行いによりバラモンになり、行いによりバラモンならざる者になる」は有名だ。

ブッダは「努力なら誰にでもできる」という点に人間の平等性を見た。

ではつぎに、初期仏教における業思想の原則を三つほど確認していこう。最初の原則は「善因楽果《ぜんいんらっか》・悪因苦果《あくいんくか》」である。これは、「善き行為を原因として楽しい結果があり、悪しき行為を原因として苦しい結果がある」という意味である。極めて合理的な原則であるが、これを貯金と借金に喩えるとわかりやすい。

善業を積むということは貯金をすること、悪業を積むことは借金をすることであり、楽果を享受することはその貯金を使って自分の望みを叶えること、苦果を享受することは借金返済のために重労働を強いられることを意味する。そう考えると、楽果の享受は貯金が減ることを意味するので楽観視できないし、苦果の享受は借金が減ることを意味するので、そう悲観視することもない。

二つ目は「自業自得」。これも多言を要しまい。自分が蒔いた種は自分が刈り取るという考え方である。三つ目は「業の不可避性」。業はいったん為されると、途中で消えることがなく、何時かはその業の報い（楽果か苦果）を受けなければならないという原則である。例外もあるが、この三点は押さえておきたい（平岡［2016a］）。

また仏教は輪廻を認めるので、「善因楽果・悪因苦果」のメカニズムも複雑になる。

つまり、現世で経験している楽果（苦果）をもたらした善業（悪業）は、必ずしも今生でなされたとは限らず、前世、あるいは前世以前という可能性もある。また逆に、現世で行った善業（悪業）の果報（楽果・苦果）は、必ずしも今生でもたらされるとは限らず、来世、あるいは来世以後の場合も想定される。

ともかく、現世で苦を享受するということは、仏教の業思想に従うなら、過去において何らかの悪業をなしたことを意味する。ただし、その過去が今生の過去か、あるいは前世、さらに言えば前世以前のことかは我々にはわからない。今生で悪事を働き、それが発覚して罰せられる場合の因果関係はわかりやすいが、「謂われのない苦」の場合は厄介だ。これは過去世に原因を求め、「きっと過去世で何か悪事を働いたに違いない」と割り切るしかないのである。

一方、大乗仏教になると、苦を「悪業の果報」と〝消極的〟に見るのではなく、菩薩が利他行実践のために〝積極的〟に他者の苦を引き受けるという「代受苦《だいじゅく》」の思想が登場する。ではこれを踏まえ、まずは法然の苦に対する態度を見ていこう。

若き日の法然の苦悩

法然の生涯（序章）で紹介したように、法然は幼少期、父が殺害されるという悲劇を経験し、それがきっかけとなって仏門に入った。一五歳で比叡山に登った法然は、一八歳で遁世して比叡山西塔の黒谷に移り住み、四三歳で回心するまでの二五年間、黒谷に引き籠もった。この時期が法然にとって苦悩の日々ということになる。

一口に二五年間というが、法然の全人生（八〇年）の約三分の一近くにも相当する期間なので、法然は回心まで絶望の淵でもがき苦しんでいたと言っても過言ではあるまい。ここでは回心直前の法然の心理を、『勅伝』六から紹介しよう。法然の嘆きは以下のとおり。

およそ仏の教えは数多くあるが、つまるところは、戒《かい》・定《じょう》・慧《え》という三種の修行方法以外にはない。（中略）ところが私（法然）自身は、戒の修行については一つの戒すら守ることができず、禅定《ぜんじょう》については一つもこれを体得していない。ある高僧が解釈して、「戒が浄らかでなければ、対象に心を集中する境地は現れてこない」と言われた。

また凡夫の心は物事を見聞きするにつれて移ろい易い。たとえば、猿が枝から枝へと渡っていくようなものだ。本当に散乱して動きやすく、心を静めることは難しい。〔そんなとき、〕煩悩に染まらない正しい智慧が、どうして起ころうか。もし煩悩に染まらない智慧の剣がなければ、どうして悪業や煩悩という絆を断ち切ることができようか。もし悪業や煩悩という絆を断ち切らなければ、どうして迷いの境涯に縛り付けられている身を逃れることができようか。本当に悲しいことだ。本当にどうすればよいのだ。

そして法然はつぎのように呻吟する。

ここに我々のような者は、とても戒・定・慧の三学〔を修める〕器ではない（三学非器）。この三学以外に私の心に見合う教えがあるだろうか、私の身に堪えられる修行があるだろうかと、あらゆる智者に〔それを〕乞い求め、多くの学僧に問い尋ねたが、教えてくれる人もなく、示してくれる仲間もいなかった。

このあと、法然は「嘆き嘆き経蔵に入り、悲しみ悲しみ聖教に向かって」、善導の

『観経疏』の一節に出逢って回心するが、ここには法然の深い絶望が描かれている。覚りを開く方法が戒・定・慧の三つしかないなら、自分は完全に埒外であり、そうなれば自分はこれからもずっと輪廻に沈潜することになるという悲痛な叫びである。この他にも『醍醐本法然上人伝記』に、「ここに出離の道に思い悩み、心身は安らかではなかった」という法然の悲嘆の声が残されている。

回心後の法然の諦念

凡夫は「罪悪生死の凡夫」とも言われ、過去世で数多の罪悪を犯してきたため、生死の輪廻を繰り返すことになる。業思想に従えば、凡夫が苦しむのは当然ということになる。業思想の原則「業の不可避性」により、その業の報いはいつか必ず受けなければならない。つまり、苦の受容は避けて通ることができず、受容するしかないのである。

しかし、それでは救いがない。そこでその苦を和らげるべく機能したと考えられるのが、「そのような凡夫の私が、念仏を称えることで、死後、極楽浄土に往生でき、そこで苦から解放され、楽を享受できる」という救済の喜びの強調である。この喜びの強調で苦を相殺するところに、法然浄土教の特徴がある。

ではその一端を紹介しよう。まずは仏教との出逢いを喜ぶ内容から。

ここに我々はどのような過去の縁に報われ、どのような善業によって、仏法が流布するときに生まれ、生死から解脱する道を聞くことができたのか。なのに今、逢い難い身で逢うことができた。無益に時を過ごして人生が終わるとしたら、悲しいことだ（『勅伝』三二）。

悪業を積み重ねてきたために凡夫として苦しむのは当然だが、その一方で、仏教に出逢えたということは、過去世で何らかの善業を積んでいたことをも意味する。凡夫でありながら、仏教と出逢えたことを無駄にしてはならないと法然は言う。

ではつぎに、仏教の中でも阿弥陀仏の慈悲に与ることを喜ぶ内容を紹介する。

・受け難き人身を受けて、遇い難き本願に遇いて、発し難き道心を発して、離れ難き輪廻の里を離れ、生まれ難き浄土に往生することは、悦びの中の悦びである。（中略）天を仰ぎ、地に臥して悦ぶべきである、このたび弥陀の本願に出逢えたことを。行住坐臥にも報ずべきである、かの仏の恩徳を（『勅伝』二一）。

・今、この願に出逢えたことは、本当に並大抵の因縁ではない。よくよく喜びなさいませ（『勅伝』二五）。

過去世の悪業の果報である苦は避けられないが、しかしそのような中で仏教（とくに阿弥陀仏の本願）に出逢えたことを悦べと法然は言う。その悦び、そして極楽往生の期待が現世での苦を少しでも和らげるのである。

阿弥陀仏の大いなる本願にすべてを任せることで、現世の苦は相対的に小さくなる。来世での大きな楽を期待し、諦念して現世の苦を乗り越えようとする念仏者の理想像がここにある。最後に法然の諦念、すなわちすべてを阿弥陀仏に任せきったときの境地を歌った詩歌を二首紹介する。

・阿弥陀仏と　十声称えて　まどろまん　ながきねぶりに　なりもこそすれ

・いけらば念仏の　功つもり　しなば浄土へ　まいりなん
とてもかくても　此の身には　思いわずらう　事ぞなき

ここには、娑婆世界での苦を経験しながらも、大いなる力（阿弥陀仏）に身を委ねて心身ともに安らぐ法然の姿を想像することができよう。

被教化者の喜び

つぎに、法然の教えに浴して苦悩を克服した武士を二人紹介する。序章でも触れたが、悪人や女人の往生を説く法然の教えはとりわけ庶民層に受け入れられ、また殺人を生業とする武士にも大きな影響力を持った。平清盛の五男であった平重衡は、父の命を受けて南都焼討を行い、東大寺大仏殿や興福寺など、奈良の寺院を焼失させた。まさに仏教の怨敵であったが、重衡は後生のことが心配になり、一ノ谷の合戦に敗れて捕虜になった後、法然との面会を願い出ると、許可された。

重衡が「自分のように罪深い者は地獄に堕ちるのが当然ですが、このような極悪人でも救われる道はあるのでしょうか」と泣き泣き訊ねたところ、法然は「信心をもって南無阿弥陀仏と称えれば、どんな悪人でも救われる。決して疑ってはならない」と諭した。堕地獄を覚悟していた重衡にとって、この法然の言葉は最高の癒しとなる。最後は木津川で打ち首になったが、法然の導きで安心を得た重衡は安らかに往生した。

つぎに取りあげるのは熊谷直実である。彼は一ノ谷の合戦で、自分の息子と同い年だった一六歳の平敦盛《あつもり》と一騎打ちをして彼を討ち取った。武士の定めとはいえ、直実は慚愧の念に駆られ、法然に会いに行った。法然への面会を求めて待つ間、彼はいきなり刀を研ぎはじめたので、吃驚した弟子が法然に取りつぎ、面会が叶った。直実が後生について相談すると、「罪の軽重に関係なく、念仏さえ申せば極楽に往生する。それだけである」と法然は答えた。

それを聞いた直実、自分は罪を償うために、切腹するか、手足の一本でも切り落とす覚悟であったことを打ち明け、喜びのあまり滂沱の涙を流す。法然の教えに導かれ、出家を果たした直実は、後に法力房蓮生と号した（平岡［2016b］）。このように法然の浄土教は、従来の仏教の網からはこぼれ落ちてしまう悪人の苦悩や絶望に応え、彼らに希望を与える力を持っていたのである。

苦と向き合い続けた日蓮

法然の場合、回心するまでは苦との葛藤が見られたが、阿弥陀仏の本願との出逢いにより回心した後は、すべてを阿弥陀仏に任せることになるので、ひとたび諦念すれば、それ以上の葛藤は基本的に見られない。これに対し、日蓮の苦に対峙する姿勢はじつに興味深く、生涯にわたり苦と格闘した。彼ほど真摯に苦と向かい合った宗教家はいないのではないか。

本題に入る前に、まずは苦に対する日蓮の包括的な考え方を、田村［1980］を参考に確認しておこう。田村は佐渡流罪中に執筆された論書や手紙に基づきながら、日蓮が見出した苦難の理由を、（一）罪業苦、（二）末法苦、（三）無常苦、そして（四）代受苦の四つにまとめている。

（一）罪業苦はわかりやすい。日蓮は苦難の理由を自己の過去世の罪業に見出し、受難は過去の罪をあがない、未来の浄福をもたらすものと考えるようになった。仏教の業思想を普通に適用して考えれば、このような発想になるだろう。

（二）末法苦は時代や社会の乱れに苦難の理由を見出すもので、日本では末法元年と考えられていた一〇五二年以降に生まれた日蓮が、末法悪世の社会動乱にその理由を求めたのも無理はない。たとえば、『開目抄』には「正法を誹謗する世を守護神が捨て去れば、諸天も［その国を］護ることはない。ゆえに、正法を実践する者に［守護の］効験は示されないばかりか、逆に大きな［法］難に遭うことになる」と説かれている。
（三）は四法印の「一切皆苦《いっさいかいく》」に代表されるように、人間世界そのものが有限で無常であり、それゆえに執着を性《さが》とする人間は苦難を受けるのだと日蓮は考えた。ここから、人生の無常に対する諦念が説かれ、永遠の世界を来世彼岸に求めるようになる。霊山浄土についてはすでに見たが、「このような濁世には、互いに語り合い、たえず後世を願いなさいますように」という表現も『法華行者値難事《ほっけぎょうじゃちなんじ》』に見られる。
（四）代受苦は伝統仏教には見られない考え方であり、大乗仏教になってから登場した考えであることはすでに確認したとおりである。法華経の勧持品《かんじほん》等には、菩薩にふりかかる種々の激しい迫害を例示しつつ、それらの苦難を耐え忍ぶことが説かれ、また耐え忍びながら菩薩行に励むことが誓われているし、常不軽菩薩品《じょうふきょうぼさつほん》では菩薩行の理想的なモデルとして常不軽菩薩が物語られている。
では、このうち、（一）罪業苦と（四）代受苦の用例をさらに詳しく見ていこう。

罪業苦――日蓮の苦悩

何が日蓮にとって問題なのか。それは自分のやっていることとその結果が「善因楽果・悪因苦果」の原則に合わないことである。日蓮は法華経の教えに基づき、法華経の弘通という、この上ない善業を実践しているつもりだったが、その結果は迫害につぐ迫害という苦果ばかり。自分の経験していることが「善因苦果」という矛盾に陥っていた。「法華経の行者には加護があってしかるべきなのに、なぜそれがない！」という日蓮の悲痛な叫び声が聞こえてきそうだ。日蓮の疑問は『開目抄』でこう記されている。

きっと諸天のお計らいにも与るはずだと思うのだが、いささかの兆しもない。〔それどころか〕ますます重い罪に沈んでいく。翻ってこれを考えてみると、わが身が法華経の行者ではないのだろうか。または、諸天善神たちがこの国を捨てて去ってしまったのだろうか。あれやこれや疑問に思われる。

この後、さらに日蓮の自問は続く。

世間の人々は疑問を持つし、私自身も疑問を持つが、どうして諸天は〔私を〕助けないのか。諸天などの守護神は仏前で誓いを立てている。法華経の行者には、そのように疑問を持つことになろうとも、法華経の行者と呼んで、早々に仏前での誓いを実現しようとこそ思うべきなのに、その道理が実現しないのは、わが身が法華経の行者ではないためなのか。この疑問は本書の重要な論点であり、人生の大事であるから〔本書の〕あちこちでこれを書くだけでなく、疑問を強くして答えを組み立てよう。

こう前置きして用意された答え、それは日蓮自身の過去世における悪業によるというものであった。

私は無限の遠い過去から悪王に生まれ、法華経の行者の衣食や田畑などを奪い取ったことが無数にあっただろう。〔それはちょうど〕今の日本国の人々が法華経〔所説〕の山寺を壊すのと同じであったに違いない。また法華経の行者の首を刎ねたことも無数にあっただろう。これらの重罪は報いをもたらしたものもあるだろうし、まだのものもあるだろう。報いをもたらしたとしても、その残余はまだ尽きていない。〔人が〕生死を離れるときは、必ずこの重罪を消し尽くして出離しなければならない。（中略）今、日蓮があくまで厳しく国土に正法を誹謗することがあるのを責める結果、〔このような」大難が出現するのは、過去の重罪が今の世に仏法を護持することで引き起こされたものであろう。

しかし、ここでのポイントは他にある。前半は確かに、初期仏教以来の「悪因苦果」の原則に則った理解である。また貯金と借金の例で説明したように、苦果の享受は借金が減ることを意味するので、日蓮も受難の大きさを悲観するのではなく、逆に大きな罪業が帳消しにでき、来世の堕地獄から逃れ、成仏が早まると理解したのである。これを「転重軽受《てんじゅうきょうじゅ》」という。つまり、「本来なら堕地獄というような重い報いを受けるべきところ、現世での迫害という軽い報いを受けるだけですんでいる」という意味である。

代受苦——受難の正当化

このように、業思想に基づき、相次ぐ迫害という苦の受容を果たした日蓮は受難を正当化し、さらに積極的に自らの苦を引き受けていこうとする。

法華経には、法華経の行者が必ずしも神仏から加護を受ける対象ではなく、むしろ迫害や弾圧の対象となると説かれている。大乗経典が誕生した古代インドで、大乗という新たな教えを弘通させるには、大乗教徒に相当な困難があったと想像されるが、法華経はまさにこの古代インドの状況を反映していると考えられる。

たとえば法華経の第一三章「勧持品」に注目すると、仏滅後の法華経弘通の呼びかけに多くの菩薩たちが名乗りを上げる。ブッダは仏滅後の娑婆世界での弘通が罵倒・誹謗・暴力などのさまざまな困難を伴うことを二〇の偈文《げもん》で告げるが、菩薩たちはそれらの困難を耐え忍び、法華経の弘通を誓う。この殉教の章ともいえる「勧持品」を日蓮は色読（色〔身体〕を以て法華経を読むこと／法華経の教えを実践すること）し、自らの受難を正当化した。たとえば『開目抄』には、こう記されている。

〔法華〕経には「〔法華経の行者の〕悪口を言って罵り、また刀や杖で打ちつけたり、瓦や石を投げつける諸々の無智の人がいる」とある。今の世を見ると、日蓮以外の僧侶たちの中で、誰が法華経のために諸人に悪口を言われたり、罵られたり、刀杖などを加えられる者があろうか。日蓮がいなければ、この一偈の予言（未来記）は空言となってしまうだろう。

法華経に書かれていることを「未来記」と解釈し、それを実現させるために自らが迫害を受けることで、法華経の記述は正しかったことを証明しようとする。なんという受難の正当化か。

常不軽菩薩の自覚

さらに法華経の第二〇章「常不軽菩薩品」にも、法華経の行者は受難に遭うことが説かれる。ここではブッダの前生である常不軽菩薩が、その名のとおり、遇う人遇う人を常に軽んじることなく、「あなたは将来、仏となるお方です」と唱えて人々を敬いながら歩いたことが語られる。

これは人をバカにしているようにも聞こえるので、言われた者は常不軽菩薩に誹謗中傷の言葉を浴びせ、杖で打ちつけ、石を投げつけたが、彼はその誰にも腹を立てず、悪意を起こさなかった。さて死期が近づいたとき、彼は空中からの声で法華経を聞いた。彼は神通力で自分の寿命を延長させ、法華経を説き明かした。以前は彼を軽蔑していた者たちも彼に従う者となり、別の多くの人々を覚りに導き入れたという。

ここで興味深いのは、日蓮は常不軽菩薩が迫害を被る原因を、法華経にはそう書いてないのに、彼が前世で犯した法華経誹謗の罪障にあると独自の解釈を施したことだ。日蓮は迫害を受ける我が身を常不軽菩薩に重ね、彼が受難に耐えて最後に仏となったように、自分も迫害によって罪障を消滅させ、仏になることを自分自身に言い聞かせ、また門弟たちに語り聞かせるのである（佐藤［2003］）。

これについては、「罪意識と使命感」という立場から日蓮の行動を分析した原愼定《しんじょう》［2004］を参考に、その特徴をまとめてみよう。まずは日蓮が常不軽菩薩と自分とを重ねて理解したことを示す用例を紹介する。

たとえば、『聖人知三世事《しょうにんちさんぜじ》』には「日蓮は法華経の行者である。不軽〔菩薩〕の跡を受け継いでいるから」、『清澄寺大衆中《せいちょうじだいしゅちゅう》』には「〔私は〕あるいは居所を追われ、あるいは流罪になった。昔は不軽菩薩が杖木〔に打たれた〕と聞く。今は日蓮が刀剣で切られることを見る」、また『上野殿御返事』には「日蓮は法華経が誹謗される国に生まれたので、威音王仏《いおんのうぶつ》の末法〔の時代に生まれ、迫害を受けた〕不軽菩薩のようである」とあり、日蓮は常不軽菩薩が受けた法難と自己の受難体験との間に共通性を見出す。

ここで注意すべきは、常不軽菩薩の受難が自己の謗法を滅すると同時に、敵対する他者の謗法罪を顕すことだ。法華経は、常不軽菩薩に危害を加えた者たちが、その罪の報いとして、千劫という長い間、阿鼻地獄で大苦を受けた後に、ふたたび常不軽菩薩の教化に浴することができたと説いている。

とすれば、常不軽菩薩の所行は「受難」による自己の滅罪と同時に、敵対者の「罪」をあえて顕在化させ、それを逆縁として法華経の救済に導くという宗教的課題が内包されている。つまり、自己の「滅罪」は同時に敵対者の「贖罪」を伴わなければならず、ここに日蓮の宗教的実践の特色があると原は指摘する。

諦念と格闘

法然は回心までは自己の能力と覚りとの間に横たわる大きなギャップに絶望し、二五年間の引き籠もりが如実に物語るように、苦悩の日々を送った。そんな中、善導を介してついに阿弥陀仏の本願に出逢い、罪深き自分と覚りとの間のギャップは自力の修行で埋めるのではなく、他力（阿弥陀仏の本願）に乗じて超越する道を法然は見出した。

浄土教は人間を罪悪生死の凡夫と見るので、過去の罪業の果報である現世の苦は経験して当然であり、避けられないと考える。だが、阿弥陀仏の本願力に乗じて極楽往生の確信とそれに基づく喜びが得られれば、それが苦を忍受するパワーとなり、現世での苦は相対的に軽くなる。つまり、現世での苦は当然のものであると受け入れ、諦めるしかない。こうして四三歳の回心以降、法然の苦に対する態度は「諦念」という態度となる。

一方、日蓮も法然と同じように、苦の受容については相当に悩み抜いた。とくに佐渡流罪以降、日蓮の苦悩は日増しに大きくなり、だからこそ苦に対する考察も深みを増していく。単純には比較できないが、苦と格闘したという意味では日蓮は法然以上かも知れない。その苦悩の原因が、自分が行う善業（法華経の弘通）と苦果（法難や迫害）との齟齬にあることはすでに指摘したとおりである。日蓮は自らの苦と格闘し、最初は自分の過去世での罪業にその理由を求めるが、しかしそこから抜け出し、ついには大乗仏教の菩薩の精神である代受苦へと自らの苦を昇華させていった。

こうして日蓮は自らの受難を正当化し、あくまでも自分を菩薩として鼓舞していく。とするなら、自らの苦は当然として、他者の苦も引き受けていくことになるので、死ぬまで苦と格闘し続けることになる。よってこれには相当な精神力が必要であったに違いない。

この両者の相違は、自己認識とも大きく関わってくる。つまり、自分という存在を如何に位置づけるかという問題だ。次章で、法然と日蓮の自己認識を比較してみよう。

第七章　否定 vs. 肯定――自己認識

浄土教の特徴

法然の自己認識（あるいは人間観）を知るには、まず浄土教の特徴を押さえておく必要がある。仏滅後しばらくしてから興起した大乗仏教には、さまざまな思想が花開いたが、その一つが浄土教である。そして阿弥陀仏が建立した浄土である極楽に往生することを説く浄土教は、インドおよび中国の仏教者によってさまざまに解釈された。

たとえば、空の思想に基づいて中観《ちゅうがん》哲学を樹立したインドの龍樹《りゅうじゅ》（ナーガールジュナ）は『十住毘婆沙論《じゅうじゅうびばしゃろん》』を著し、「難行道／易行道」という視点から、浄土教を易行道と位置づけた。また中国の曇鸞《どんらん》はインドの世親《せしん》（ヴァスバンドゥ）が著した『往生論』の注釈書『往生論註』の中で、「自力／他力」という観点から浄土教を他力と理解した。さらに道綽は観無量寿経を解説した『安楽集』において、「聖道門／浄土門」という教相判釈に基づいて一代仏教（ブッダ一代のすべての教え）を分類し、浄土教を浄土門と捉えた。これらに基づくなら、浄土教は「易行道・他力・浄土門」を以て形容されることになる。

つまり、浄土教とは、阿弥陀仏の本願力（他力）に乗じて極楽に往生できる易行を説き、聖道門のように自力による厳しい修行（難行）を必要としない教えということになる。ということは、衆生に求められるのは自力による修行ではなく、阿弥陀仏の本願力に対する〝信〟である。そしてその信を確立し、他力をありがたく受け取るには、自力は徹底的に否定されなければならない。自分の力に自信や過信があるときに、心から他力を受け入れられるはずがないからだ。

これを前提とするなら、浄土教家の自己認識（および人間観）の概略は自ずと見えてくる。そう、それは否定的にならざるをえない。それを支持する思想を紹介しよう。

すべては深心より――二種深信

初期仏教以来、信が重要視されてきたことは言を俟たないが、とりわけ浄土教では信が重要な意味を持つ。そこで浄土教において信がいかに説かれているかを紹介しよう。

観無量寿経は、人間の能力を九種類に分ける。まずは三段階（上品・中品・下品）に分けられ、その三段階はさらに三階層（上生・中生・下生）に分類されるので、全部で九種類となる。そしてその最上に位置する上品上生の往生法を説く中に、「若し衆生ありて、彼の国に生ぜんと願う者、三種の心を発《おこ》さば、即ち往生す。何等をか三と為す。一者は至誠心、二者は深心、三者には回向発願心なり。三心を具する者は必ず彼の国に生ず」とある。つまり、上品上生として往生するには、至誠心・深心・回向発願心という三つの心が必要であるという。

しかし、三心の具体的な内容について、観無量寿経自体は何も語らない。そこで、本経の注釈書『観経疏』を著した善導は、この三心について独自の解釈を施す。たとえば、至誠心とは「内と外とが一致した真実の心」と定義する。

つぎの「深心」とは「深く信じる心（深信）」であり、何を深く信じるかというと、一つは自分が自力では解脱できない罪悪生死の凡夫であること（信機／機の深信）、もう一つはそのような自分が阿弥陀仏の本願力で往生できるということだ（信法／法の深信）。

この二つはセットであり、阿弥陀仏という他力によって救済されるには徹底的に自分の自力を否定することが必要になる。自分の自力の限界を知り、それに絶望することが、阿弥陀仏の本願力を素直に受け入れる素地をつくる。よって、自力の可能性を少しでも認めている間は、阿弥陀仏の本願力を心の底から受け入れることはできない。だから法然は『往生大要抄』で「わが身は煩悩罪悪の凡夫である。火宅を出ず、出離の縁はないと信じよ」と言う。

最後の「回向発願心」は、自分や他者が修めた善根をすべて極楽浄土への往生に回し向け、そこに往生したいと願う心を意味する。

では、この三心の関係はどう理解すべきか。藤田宏達［1985］は深心が三心の中心であり、「至誠心」は深心のあるべき様相としての真実の心であり、「回向発願心」は深心による帰結としての願生の心であるから、この二心は結局、深心に凝縮されると指摘する。

つまり、三心は深心が中心であり、その深心は「機の深信（自力に絶望すること）」から「法の深信（阿弥陀仏の本願力を受け入れること）」へと移行する。ではこれを前提として、法然の自己認識を具体的に見ていこう。

「自分こそが最低最悪」——三学非器

仏教の修道体系は複雑であるが、これを簡略に示すなら「三学」、すなわち戒・定・慧の三つである。戒律を遵守し、禅定（精神の集中）を修して、最後には智慧の獲得を目指すというのが仏教の修道の基本である。したがって、伝統的な考えに従うなら、この三学を修めないかぎり、覚りは開けない。

出家した法然も、最初はこの三学を修めようと必死で努力した。妻帯した親鸞とは対照的に、法然は死ぬまで独身を貫いて戒律を遵守し、戒師として多くの人々に授戒した。また、二五年間の黒谷での引き籠もりの最中、法然は一切経を五回も読破し、勉学に励んだので、世間からは「智慧第一の法然房」と称された。

さらには、回心後、念仏の生活に没頭し、精神集中した結果、三昧発得《さんまいほっとく》（宗教体験）したとも伝えられる。その法然が「三学の器に非ず（三学非器）」と自らを評し、自らに絶望した。これについては前章で紹介したとおりである。周囲から見れば完璧とも思える法然が、自らを最低の人間と見なす。不思議に思える発言だが、他者評価と自己認識とは必ずしも一致しない。

今、大学では「教育成果の可視化」が問題となっている。「学習成果を数値化せよ」という話だ。まだ有効な方法はないが、その一つに、授業の履修前と履修後に学生に自分の能力を同一質問項目で自己評価させ、その伸び率で学習成果を数値化するという方法がある。

教員からすれば、「この学生は成長したなあ」と思っても、その学生の履修後の評価は低いことがあるが、これは不思議ではなく、ある意味で健全である。つまり、自己認識が深まれば深まるほど、評価は厳しいものになる。評価基準が厳しくなるからだ。法然の場合、周囲の評価とは裏腹に、自分で自分を評価する際の理想とする基準はきわめて高かったと言えよう。

自己省察が深まるほど、自分自身の奥底に沈殿する汚泥のごとき悪の存在に驚愕し嫌悪することになるので、聖道門では自分が解脱できないことをより深刻に自覚する。「三学非器」とは、聖道門（従来の仏教）では解脱の道が閉ざされたことを意味する。この深い自己省察に基づき、法然は「出離の縁なき衆生」と自分自身に絶望した。

では、この三学非器という自己省察は何を意味するのか。厳しい自己省察に基づいて阿弥陀仏の本願力をありがたく頂戴し、自己の安心を得ること（自利）が目的なら、浄土宗という独自の宗派を立てる必要はなかったはずだ。浄土教も大乗仏教の流れを汲み、また新たに浄土宗を立てたのなら、そこには「利他」が意識されていなければならない。自己の安心と万人救済のための浄土宗創立はどう関係するのか。

法然が学んだ仏教は大乗仏教なので利他行も意識していたはずだが、最優先事項はあくまで「私（自分）が救われる教え」である。これは利己的に聞こえるが、法然の鋭い自己省察力よりすれば、自分こそが最低最悪の人間であり、その自分が救われる道が見つかれば、他の人はすべて救われるはずだと考えたのではないか。

とすれば、問題は「私（法然）」という一人称の救済だが、その一人称は二人称も三人称も包摂した一人称、すなわち万人を包摂する一人称であったと推察できる。つまり、法然にとって、最低最悪と自覚した自己の救済は万人の救済を意味し、だからこそ法然は浄土宗という新たな宗派を立て、顕密仏教に対抗して新機軸を打ち出した。

偏依善導一師

今、法然の自己省察、自己否定の具体相を見てきたが、この態度は浄土教家一般に言える。たとえば、法然の弟子である親鸞も『正像末和讃《しょうぞうまつわさん》』で「悪性さらにやめがたしこころは蛇蝎《じゃかつ》のごとくなり　修善も雑毒《ぞうどく》なるゆえに　虚仮《こけ》の行とぞなづけたる」と自己を徹底的に否定する。

また法然が師と仰いだ善導も、徹底した自己否定（懺悔）を行った。先ほど三心の二種深信で「信機（機の深信）」を取りあげたが、これは「懺悔」と言いかえてもよく、信機（機の深信）を貫くものは、徹底した懺悔の思想であると藤田［1985］は言う。こうして徹底的に自己存在に潜む悪を直視し、その悪をえぐり出すのが浄土教の特徴だ。

ともかく、法然は、自らの立場を「偏に善導一師に依る（偏依善導一師）」、すなわち善導に対する絶対帰依を表明した。よって、法然は善導を阿弥陀仏の化身と理解し、また善導の著作『観経疏』も、論書でありながら仏説である経典として扱った。面授の師匠を持たない法然にとって、善導はまさに心の師匠だったのである。

『選択集』を見れば、浄土三部経は当然だが、善導の著作がかなり引用されており、法然の思想形成に果たした善導の影響力の大きさが窺われる。よって偏依善導一師を自らの立場としたが、そのように敬意は表するものの、善導の著作や解釈をそっくりそのまま継承したわけではない。もしもそうなら、法然の思想に独創性は一切なく、あえて浄土宗を立てる必要もなかっただろう。

たとえば、法然は善導の「本願念仏（念仏で往生できる）」をさらに進展させ、「選択本願念仏（念仏でしか往生できない）」を樹立したことはすでに指摘した。この他にも三心の解釈について、法然は善導の思想を越えている。善導は三心を重視し、往生には三心の具足と念仏が条件であると見なした。

法然は往生行を可能なかぎり簡素化し、念仏の一行にすべてを収めたかったので、善導が往生に必要と認めた三心をどう扱うかが問題となった。そこで法然は「念仏すれば三心は自ずと具わる（念仏が主体）」（『勅伝』二一）と理解し、善導が重視した三心を否定することなく、念仏の一行に三心を収め取ったのである。ここに、法然独自の思想を確認することができよう。

ともかく、実質的には善導を越える解釈をしているが、法然は自らの立場を偏依善導一師として自己を否定し、善導を越えたことは明言しなかった。

自己否定から自己肯定へ

法然とは対照的に、日蓮の自己認識は肯定的である。出家の動機からして、父の死というネガティブな原因で出家した法然とは違い、「日本第一の智者になろう」というポジティブな発想から出家した日蓮。ここだけ見ても、その違いは一目瞭然だ。

しかし、これから紹介するように、日蓮は自己を肯定することで自己を鼓舞し、仏の使いとして使命を果たそうとしたが、何の自己省察もなく、軽い気持ちで自己を肯定したのではない。その前には厳しい否定的省察があり、その否定をくぐり抜けての自己肯定だからこそ意味がある。

まずは、日蓮の自己否定的な側面から見ていくとしよう。

前章で日蓮における苦の受容を説明した際、苦悩の原因を自らの過去世の悪業に求める考え方を紹介した。ここに日蓮の懺悔の態度が見られる。懺悔という言葉こそ使わないが、受難の原因を自らの過去世の悪業に求める姿勢は、明らかに懺悔である。

また罪意識の喚起は理想から現実を照射したときに顕わになり、それが懺悔につながっていく。日蓮は法華経を鑑として現実の自分の罪を自覚した。『開目抄』には、つぎのような表現が見られる。

ここに日蓮は案じて言う。時代はすでに末代に入って二〇〇年余り、〔インドから見れば〕辺境の土に生を享けた。その上、下賤で貧しき身としてである。〔過去世で〕六道を輪廻する間には人や天の大王に生まれ、万民が大風に吹かれた小木の枝のようになびいたときにも、仏道を成就しなかった。大乗小乗の経〔を学ぶ〕初歩の修行者（外凡）や、ある程度まで修行が進んだ修行者（内凡）が、やがて偉大な菩薩となり、一劫、二劫、そして無量劫を経て菩薩の行を実践し、すでに不退転の位に入るはずであったときも、強くて盛んな悪縁におとしめられて仏になれなかった。（中略）五百塵点という久遠の昔に〔仏種を受けた者が覚りから〕退転したが、今〔末法の世に生まれて〕来たのだろうか。

また、佐渡期に著された『佐渡御勘気抄《さどごかんきしょう》』には、自身の宿業（生まれ）に関して、「梅陀羅《せんだら》が子」と述べる。日蓮は佐渡期以降、自らを「梅陀羅」の出身と明言するようになるが、梅陀羅（caṇḍāla）とは、インドの身分制度である四姓〔バラモン（司祭）・クシャトリア（王族）・ヴァイシャ（平民）・シュードラ（奴隷）〕ではアウトカースト（四姓外）に属する賤民で、シュードラ（奴隷）階級の男性とバラモン（司祭）階級の女性との間に生まれた者たちの階級を指すと言われる。

インドでは男性の階級が上で女性の階級が下の場合、その間に生まれた子は父と同じ階級に属するとされたが、その逆、つまり男性の階級が下で女性の階級が上の場合、その間に生まれた子は四姓のどこにも属さず、アウトカーストとなる。その最悪の組み合わせが、シュードラ（奴隷）階級の男性とバラモン（司祭）階級の女性である。

佐渡期以降、日蓮は自己の背負う罪業意識の深まりに対応し、自らを梅陀羅の子と位置づけるようになった。これは何を意味するのか。佐藤［2003］はその理由を「彼は自分の背負った罪業の深さを強調することによって、そうした最低の人間でも救われる法華経の功徳の偉大さを強調しようとした」と見る。これは、自分を最低最悪の人間と見ることで、その自分が救われれば他のすべての人も救われると見た法然の姿勢とも共通する。

このような懺悔や自己否定を通して、日蓮には新たな自己肯定の地平が開けてきたのであり、その背景にはこのような厳しい自己否定があることを忘れてはならない。では日蓮の自己肯定の側面を見てみよう。

法華経の行者

ここからは、すでにまとめた日蓮の苦の受容と重複することを断っておく。

日蓮は立教開宗後、法然の念仏を批判し、法華経の弘通に努め、正法の確立を目指したが（善業）、一向に自らの受難は止む気配がない（苦果）。この業思想の矛盾の解決を、日蓮は法華経に求め、法華経を色読した。すると、法師品《ほっしほん》には「法華経を正しく実践する者はブッダ在世当時ですら迫害に遭う。仏滅後は言うに及ばず」、また勧持品には

「法華経を正しく実践する者に、無智の輩は悪口罵詈し、刀杖を加えてくるが、それを忍ぶべし」とも記されているではないか。

これらの記述に基づき、日蓮はますます「自分は身をもって法華経を実践しているのだ」と確信するようになる。すでに指摘したように、法華経の記述を未来記と捉え、法華経の記述の正しさを自らの迫害で証明しようとした。

この法華経の色読により、伊豆流罪の頃から、日蓮は法華経への傾倒を急速に進め、天台的な〝法華至上〟から、色読の体験に基づく〝法華独勝〟へとその信を深めていった。こうして法華独勝の立場を確立した日蓮は、さらに法華経の権威を自分に移し替えようとして、自らを「法華経の行者」と規定するようになる。

平安時代には法華経の持経者がすでに存在していたようで、彼らは法華経を信受し、「受持・読・誦・解説《げせつ》・書写」という五種類の修行を実践し、唱題も持経者によって行われていた可能性が示唆されている（高木［1973］）。しかし、日蓮は「法華経の行者」を自称することで、「法華経の持経者」と一線を画し、自らの立場の独自性を鮮明にした。

『開目抄』を見ると、「日蓮は自分の法華経理解が智顗や最澄と比較すれば千万分の一にも及ばないが、法難を耐え忍び、一切衆生を救おうとする慈悲においては何ものにも劣ることがないことは自分自身が恐れおののくほどである」とし、「もしも日蓮が現れなければ、いったい誰を法華経の行者として仏の予言が証明されるであろうか」とある。こうして日蓮は「幕府からお咎めを受けることは、ますます自分の喜びとするところである」とさえ言い切り、「仏教を修行した大いなる聖人たちが法華経の行者（日蓮）を見捨てるはずがない」と確信する。

「法華経の持経者」は単に法華経を受持し、熟読し、暗誦し、解説し、書写するだけであるが、「法華経の行者」はブッダの命を受け、命を懸けて法華経を弘通し、迫害を忍受する。日蓮は法華経に書かれている殉教者（＝法華経の行者）に自らを重ね、そこにアイデンティティを見出し、法華経の持経者とはまったく別次元の新たな生き方を確立した。こうして、〝天台沙門〟として出発した日蓮は、色読を通じて〝法華経の行者〟に脱皮し、変容を遂げた。

菩薩の自覚

法華経を色読した日蓮は、法華経の行者の自覚を持つに至ったが、この自覚をさらに進め、法華経に登場する菩薩に自らを重ねていく。たとえばそれは、地涌の菩薩たちであり、彼らのリーダーである上行《じょうぎょう》菩薩であり、また常不軽菩薩である。

さて、法華経の成立には諸説ある。全二八章という長部の経典だが、一時期にすべてが完成したと見る同時成立説もあれば、徐々にできあがったと見る段階成立説もある。後者に従えば、おおよそ法華経は以下の三段階を経て成立したと考えられている。

（一）第一段階：第二章（方便品《ほうべんぽん》）～第九章（授学無学人記品《じゅがくむがくにんきほん》）
（二）第二段階：第一章（序品《じょほん》）、第一〇章（法師品）～第二二章（嘱累品《ぞくるいほん》）
（三）第三段階：第二三章（薬王菩薩本事品《やくおうぼさつほんじほん》）～第二八章（普賢菩薩勧発品《ふげんぼさつかんぽつぽん》）

この中で、日蓮が重視する菩薩（上行等の地涌の菩薩たち・常不軽菩薩）は第二段階に登場する菩薩が多い。ではまず、地涌の菩薩たちが登場する第一五章（従地涌出品《じゅうじゆじゅっぽん》）を中心に、第二段階の法華経に注目してみよう。

まず第一五章（従地涌出品）では、多くの他方仏国土からやってきた菩薩たちが、仏滅後、娑婆世界で法華経を弘通することを誓うが、ブッダはそれを拒否する。すると大地が裂け、そこから多くの菩薩（地涌の菩薩）たちが出現し、そのリーダーが上行菩薩・無辺行《むへんぎょう》菩薩・浄行《じょうぎょう》菩薩・安立行《あんりゅうぎょう》菩薩の四人（その中でも上行菩薩が最上首）であった。彼らは皆、ブッダ自身が教化した菩薩であるという。弥勒《みろく》は、ブッダが成道後、わずか四〇年しか経っていないのに、どうしてこのような大勢の菩薩たちを教化することができたのかをブッダに尋ねる。

そこで第一六章（如来寿量品）では、ブッダが「自分の寿命は久遠であり、実は遠い昔に覚りを開き、有情を教化し続けてきたのであり、涅槃を示すのは衆生を仏道に覚醒せしめ、発奮させるための方便である」と明かす。第一七章（分別功徳品）では「如来の寿命の長さの説示」という法門を読誦し、受持し、書写し、供養することの功徳が詳細に説明され、第一八章（随喜功徳品）では、仏滅後、この経を聞いて喜ぶ者の功徳の大きさが説かれ、さらに第一九章（法師功徳品）では、法華経を受持し、読誦し、説明し、書写する者の功徳が明かされる。

第二〇章（常不軽菩薩品）では、常不軽菩薩（ブッダの前生）が、人々の非難や侮辱に遭いながらも、菩薩行の実践を勧め、「あなたは将来、仏となるお方です」と唱えて有情を敬いながら歩いたことが語られ、第二一章（如来神力品）では、大地より出現した地涌の菩薩たち、および文殊をはじめとする菩薩たちも、仏滅後に法華経を弘めることを誓う。そして最後の第二二章（嘱累品）では、ブッダが右手ですべての菩薩たちの手を握って法華経の弘通を委嘱すると、彼らはブッダの命に背かないことを誓う。

このように、第二段階で成立した法華経では、仏滅後に法華経を弘通する菩薩、およびその弘通の功徳が詳細に説かれるが、日蓮はその地涌の菩薩およびその最上首の上行菩薩、さらには常不軽菩薩に自らを重ね、いかなる艱難辛苦をも堪え忍ぶ仏の使者として自らの使命を果たすべく、自分自身を奮い立たせていった。ただし、自らを上行菩薩であると自覚するようになるのは、かなり晩年になってからであった。

末法の弘通者——自らの神格化

懺悔という自己否定により、一度は精神的死を経験して生まれ変わった日蓮は、菩薩の自覚に基づき、今度は自己を徹底的に肯定していく。

まずは日蓮の三大誓願から見ていこう。三大誓願とは、地涌の菩薩の自覚に立った日蓮が仏の使者としてブッダの衆生救済の願いを実現しようとして立てた誓願であり、「我日本の柱とならん。我日本の眼目とならん。我日本の大船とならん、等とちかいし願、やぶるべからず」と『開目抄』で決意表明している。ここで言及されている「柱／眼目／大船」の三つは、ブッダの三徳である「主／師／親」を意味しているという。

また日蓮は法華経の系譜として「三国四師」をあげる。第五章ですでに取りあげたが、この四師（ブッダ・智顗・最澄・日蓮）について、『開目抄』では「日本国でこの法（法華経）が明らかにされたのは二度である。伝教大師と日蓮によってであると知れ」、また『如説修行抄《にょせつしゅぎょうしょう》』では「釈尊の滅後二千余年の間に如説修行の行者は、釈尊・天台（智顗）・伝教（最澄）の三人はさておき、末法に入ってからは、日蓮および弟子・檀那等しかいない」と記し、自らをブッダ・智顗・最澄と同格と見なす。

この「三国四師」は、自分が上行菩薩の再誕であるとの自意識に基づき、仏教の三国流通の最後の段階において、像法時の最澄の跡を継いで末法時の日蓮が「法華宗」の流通を完成させることを意図したものと考えられる（市川浩史［2004］）。このような日蓮の自意識は、法然の「偏依善導一師」と比較すると、その特異性が際立つが、この傾向は『撰時抄』においてピークを迎える。

> 今に見るがよい。大蒙古国が数万艘の兵船を浮かべて日本国を攻めれば、上は一人

より下は万民に至るまで、一切の仏寺や一切の神社を投げ捨て、各々声を合わせて「南無妙法蓮華経、南無妙法蓮華経」と唱え、合掌して「助け給え、日蓮の御房、日蓮の御房」と叫ぶようになるだろう。（中略）提婆達多《だいばだった》は釈尊の御身から血を出して五逆罪を犯したが、臨終に際し「南無」と唱えた。「南無仏」とさえ唱えていれば地獄に堕ちなかったが、〔悪〕業が深く「南無」とだけ唱え、「仏」まで及ばなかった。今、日本国の高僧たちも「南無日蓮聖人」と唱えようとしても、「南無」だけで終わるのではないだろうか。かわいそうなことだ、かわいそうなことだ。

こうなると、日蓮が自らを神格化し、ブッダと同じ域まで達したと確信していると言っても過言ではあるまい。こうして日蓮は佐渡流罪を契機に、死と再生を経験し、精神的に大きな飛躍を遂げたことがわかるだろう。

終章　法然 vs. 日蓮――二人の共通点

自立した宗教者

ここまで、法然と日蓮の相違点を中心に論を進めてきたので、終章では両者の共通点についてまとめる。まずは法脈に注目してみよう。

法然は比叡山で出家し、源光あるいは叡空を師としたが、親鸞に対する法然のような意味での師ではなかった。よって、真の師匠なき法然が回心するにあたっては、著作を通して歴史上の師と出会うしかなかったのである。

まずは源信から大きな影響を受け、また源信を通して知った中国唐代の善導の著作によって法然は回心した。そして善導は法然にとって阿弥陀仏の化身と理解されたので、その法脈は「阿弥陀仏（インド）↓善導（中国）↓源信（日本）↓法然」となる。

一方、日蓮も天台宗の道善房を師として出家したが、彼も真の意味で日蓮の師匠たり得なかった。そこで日蓮は独学に独学を重ねて立教開宗したが、その過程では法華経を中心とする天台教学の系譜として智顗や最澄の影響を受けた。よって日蓮の法脈は「ブッダ（インド）↓智顗（中国）↓最澄（日本）↓日蓮」となり、二人の法脈は近似する。

何よりも二人には全面的に信頼できる面授の師匠がいなかったので、法然と日蓮は師匠の力を借りず、独力で自らの道を開拓しなければならなかった。すべては自己責任という厳しい環境の中、自立した宗教家として自らを鍛え上げたのだ。度重なる迫害・法難に遭いながらも、権力に屈せずに信念を貫き通せた要因がここにありそうだ。

法然の二五年にわたる黒谷での引き籠もり、日蓮の佐渡における厳しい自然環境での生活、二人は想像を絶する絶望感と対峙したに違いない。しかし、そのような状況下でも、二人は自暴自棄になることなく自律したがために、自立した宗教家となった。

二人の生涯は迫害につぐ迫害で、傍目から見れば、心休まる時はほとんどなかったように思える。しかし、そのような過酷な人生の中、法然は罪悪生死の凡夫である自分が阿弥陀仏の本願力に乗じて極楽往生できることを悦び、一方の日蓮は迫害に遭うことが仏使としての菩薩の証しであると悦んだ。両者とも壮絶な人生を歩んだに違いないが、二人を鑑に私自身の生を映し出したとき、自分の器の小ささに驚愕（いや、「絶望」と言うべきか）せずにはいられない。

感謝の念

つぎに、二人の人生に対する見解を紹介しよう。驚くべきことに、過酷な人生を歩んだにもかかわらず、二人とも〝感謝〟を忘れない。まずは法然の態度から見ていくが、すでに本書第六章で紹介した用例をここでふたたび紹介する。というのも、これらを日蓮の用例と比較すれば、両者の精神性がきわめて近いことがわかるからだ。

受け難き人身を受けて、遇い難き本願に遇いて、発し難き道心を発して、離れ難き輪廻の里を離れ、生まれ難き浄土に往生することは、悦びの中の悦びである。（中略）天を仰ぎ、地に臥して悦ぶべきである、このたび弥陀の本願に出逢えたことを。行住坐臥にも報ずべきである、かの仏の恩徳を（『勅伝』二一）。

まさに今、極めて多くの生涯を繰り返しても生まれ難い人間の境涯に生まれ、極めて長い年月を送っても遇い難い仏教にめぐり合えた。釈尊の在世にめぐり合わなかったことは悲しみではあるが、その教えが流布している世にめぐり合えたのは、悦びである。（中略）ここに我々はどのような過去の縁に報われ、どのような善業によって、仏法が流布するときに生まれ、生死から解脱する道を聞くことができたのか。なのに今、逢い難い身で逢うことができた。無益に時を過ごして人生が終わるとしたら、悲しいことだ（『勅伝』三二）。

末法ではあるが、法然は今生で仏法に出逢えたことを感謝し、それを悦びと捉えている。これをつぎの日蓮の記述と比較してほしい。

何よりも受け難い人間として生まれ、値《あ》い難い仏法に値うことができた。五尺の身に一尺の顔があり、その顔の中には三寸の眼が二つある。生まれてから六〇歳になるまで多くの物を見てきたが、〔その中でも〕悦ばしいことは、〔法華経法師品に説かれている〕「法華は最も第一なり」の経文である（『慈覚大師の事』）。

仏滅後すでに二二二〇年余りが経っている。いかなる罪業によって、仏の在世に生まれず、正法の時代の四依《しえ》（四種の導師）、像法の時代の天台〔大師〕や伝教〔大師〕等にも逢えなかったのかと。またひとたびは喜んで言う。いかなる幸運により、末法に生まれてこの真実の文を拝見できたのか。（中略）幸せなるかな、一生の内に無限の過去から続く謗法を消滅できるとは。悦ばしいかな、いまだ見聞したことのない教主の釈尊にお仕えできるとは（『顕仏未来記』）。

このように、両者の基本的な考え方は酷似している。日蓮は自らの苦と悪戦苦闘したが、最終的には喜んで苦を受容している。二人が迫害の連続である毎日を送りながらも、狂気に陥らず正気を保てた背景には、このような感謝の念が人生の土台の根本にあったからではないだろうか。

流罪に対する態度も共通する。法然は「京都で長い年月を過ごしたので、地方に出かけて農夫たちに念仏を勧めることは長年の願いであった。（中略）このたびの縁によって年来の本意を叶えることはじつに朝恩（朝廷からの御恩）である」（『勅伝』三三）、一方の日蓮も「日蓮の流罪は小さな苦であるから、嘆かわしいことではない。来世では大きな楽を受けるのであるから、大いに喜ばしい」（『開目抄』）と言い、両者とも流罪という難局を肯定的に受け止めている。

平等性の追求——女性に対する眼差し

法然も日蓮も、末法という時代（時）、そしてその時代に住まう人間の能力（機）にふさわしい時機相応の教えとして、法然は念仏、日蓮は唱題を宣揚した。いずれも「末法という劣悪な時代に住む愚鈍な凡夫でも実践でき、かつ往生（成仏）が可能な行」として二人が選んだものだ。つまり念仏も唱題も、誰もが実践できる「易行」であり、しかも往生（成仏）が確実な「勝行」であるという特徴を備えている。

二人が追求したのは、「誰でも実践可能、誰でも往生／成仏可能」という平等性（あるいは普遍性）である。だから二人の目線は最下層の人間に注がれ、悪人あるいは女人も往生／成仏できる行を追求した。そこで、法然と日蓮の女性に対する態度を最後に見てみたい。

法然が土佐流罪に際し、遊女を教化したエピソードを紹介しよう。四国に流罪となった法然が瀬戸内海を西に進んでいたとき、室《むろ》の泊《とまり》で一艘の船が法然の船に近づいてきた。その船に乗っていた遊女は、「このような罪深い身の私は、どうすれば後生で助かるのでしょうか」と訊いてきた。すると法然は「できれば、そのようなお仕事はお止めなさい。しかし止めることができなければ、その身のままで、ひたすら念仏をお称えなさい。

阿弥陀仏の慈悲はそのような罪人のためにこそあるのです。念仏さえすれば、極楽に往生できます」と諭した（『勅伝』三四）。

また法然は「五障三従《ごしょうさんじゅう》」を念仏で滅するとも説いている。五障三従とは女性差別を表現したもので、女性には五つの障り（梵天・帝釈天・魔王・転輪聖王・仏の五つにはなれない）と男性への三つの服従（幼くしては父に、嫁しては夫に、老いては息子に従うこと）があるというが、法然は『念仏往生要義抄』で、「五念（五回の念仏）で五障を、三念（三回の念仏）で三従を消滅せよ」と説く。

さらに、真宗の存覚《ぞんかく》（一二九〇～一三七三）撰『女人往生聞書』には、法然の言葉として、つぎのような記述が見られる（伊藤唯眞［2007］）。

あるとき、法然上人の御前に多くの女性たちが参上すると、〔上人は〕仰った。「このような女性は阿弥陀仏の本願を頼りとし、西方の浄土に往生しなくては、長時を経ても女性の身を転じ〔て男性にな〕ることは難しく、無量の世においても成仏は実現しがたい。（中略）阿弥陀仏の本願に逢って、名号を唱え、〔阿弥陀仏の〕誓願をあてにするがゆえに、息が絶え眼が閉じるとき、女性の身を転じて男性となり、穢土を離れて浄土に往生し、一瞬にして安らかな往生を遂げ、長きにわたって無量の功徳を受けることは、喜びの中の喜びではないか」（中略）このように〔上人が〕仰ると、その座に連なっていた女性は、慚愧のあまり大泣きし、随喜の涙を流した。

つぎに、日蓮の女性に対する態度を確認する。日蓮には個人に宛てた消息（手紙）が多いが、その中でも女性に宛てた消息は五〇通以上で、相手の女性の数は三〇人以上という（末木［2010a］）。

この事実から、日蓮には多くの女性信者がいたと推察され、日蓮の教えには女性に訴えるものがあったことがわかる。まずは女性の血の穢れ（月経）に対する日蓮の考えを紹介しよう。信者の妻が「月経の間は読経を控えていますが、どうでしょうか」と質問したのに対し、日蓮は『月水御書《がっすいごしょ》』でこう答えている。

日蓮がほぼ聖教を見ても、酒肉・五辛・婬事などのように、明確に月日をさして不浄を禁じているように、月経を忌む経論はいまだ考え当たらない。〔仏〕在世のとき、多く若い女性が出家し、仏の教えを実践したが、月経の時だからといって嫌われたことはない。

これから推し量ると、月経というのは外から来た不浄でもない。〔それは〕ただ女性の肉体的特徴で、生死の種を継ぐべき道理としてあり、また長く患っている病のようなものだ。たとえば屎尿などは人の身から出るが、浄化できれば、とくに忌むべきことではない。これと同じようなことではないか。であれば、インドや中国などにも〔月経を〕それほど忌む理由は聞いていない。

このように日蓮はきっぱりと月水（月経）の不浄を否定するが、当時これほど断定的に不浄観を否定した言説はほとんどないと末木［2010a］は指摘する。法然も同じ考えを持っていることは本書第三章で指摘したが、日蓮はさらに徹底している。

女人成仏については、『女人成仏抄』で法華経第一二章（提婆達多品）に見られる龍王の八歳の娘が成仏する話を引用し、智積《ちしゃく》菩薩が龍女成仏を困難と見、舎利弗は女人が垢穢《くえ》の身で法器に非ずと小乗権教《しょうじょうごんきょう》の意を以て難じたが、龍女成仏によって女人成仏の道が開かれたと日蓮は説く。

無量寿経には、法蔵菩薩の第三十五願（女人往生の願）に「女人ありて、我が名字を聞きて、歓喜信楽し、菩提心を発し、女身を厭悪せん。寿終わりて後、また女像とならば、正覚を取らじ」とあり、また法華経は龍女成仏を説く。前者では女性が往生するときに男性に生まれ変わって往生し、後者では現世で性転換して成仏するので、いずれも女性のままで往生／成仏するわけではないが、二人はこれら経典の記述を踏まえ、さらに何歩も進めて女人往生／成仏を説いており、女性に極めて意識的であった。

二人の魅力

女性の往生／成仏も含め、社会の最底辺で呻吟する弱者、マジョリティから見捨てられたマイノリティに、法然も日蓮も温かい眼差しを向けた。それを裏づけるのが法然の「指方立相《しほうりっそう》」、日蓮の「理（抽象）に対する事《じ》（具象）の重視」である。善導が提示した解釈に従った法然も「西方」という具体的な方角を指し示し、また具体的な相を立てて指方立相の浄土を説いた。浄土は唯心論的に説かれることもあるが、法然は違っていた。

一方、日蓮も理（抽象）より事（具象）を重視する。彼は天台教学を承けて法華経の究極の法門を「一念三千」であると理解し、そこから天台宗（智顗・最澄）の「理の一念三千」（迹門所説の真理）とそれを覚る止観の行（難行）よりも、「事の一念三千」（本門所説の真理）とそれを包摂する題目を唱える修行（易行）を、末法にふさわしい行として提唱した。これを事行《じぎょう》の題目と言う。このように、日蓮は末法弘通の教えを「事の法門」として唱導したのである。

法然が指方立相を、日蓮が理より事を重視したのは、両者の目線が社会の最下層に向けられていたからではないか。彼（女）らに抽象的な話は通じにくい。とにかく具体的にわかりやすく説くこと、それが求められたはずだ。しかし、だからといって、二人が目先の現実的な事象にのみ囚われていたわけではない。本書で見てきたように、その思考はきわめて普遍的であった。

普遍的に思考はするが、その思考を最下層の民衆にアピールするレベルにまで咀嚼する能力を、二人は持ち合わせていた。思想がいかに素晴らしくても、民衆に理解されないようでは意味がない。かといって、民衆に理解されてもその思想に正当性と普遍性がなければ、実際の救済思想としては機能しない。

自己の思想には徹底的に厳しく対峙する一方、地べたで這いつくばって苦しみもがく弱者には優しい眼差しを向け、彼らを決して見捨てることはなかった。この両極を兼備していたことが、法然と日蓮の、宗教家としての最大の魅力であろう。

進んだ道はそれぞれ異なり、後代のポジショニングは好対照だが、末法の世にあって万人救済の道を真摯に求めた点で、私の目に二人の姿は見事に重なるのである。

おわりに

法然と日蓮、意外な組み合わせだが、二人の比較は案外おもしろかったと読後に思っていただけたなら幸いである。法然の滅後一〇年経って日蓮は誕生したので、二人は直接対面したわけではない（そんな場面を想像したくもなるが）。だが、現前にいるかのごとく、日蓮は法然を激しく非難し、またそのことで日蓮自身の思想は深まっていった。対照的な二人だが、体制側の仏教に敵視され、度重なる法難・迫害・弾圧に遭遇した点では見事に共通する。

鎌倉時代からいきなり現代の私自身に話は飛ぶが、本書を執筆中、我が人生において最大級のピンチに見舞われた（その内容は秘密です）。他者から見れば些細なことかもしれぬが、私は寺の長男として大した苦労も知らずにぬくぬくと育ってきただけに、今度はかなりきつい思いをした。次から次へと襲いかかってくる災難に（といっても自業自得であり、身から出た錆ですが）、苦悩の毎日が続いた。鬱々とした中での執筆。

　執筆に専念することでストレス発散を試みたのかもしれないが、そのとき、私の心の支えになったのが、法難に立ち向かう法然と日蓮の雄々しき姿であった。二人の姿はまさに私の模範であった。今回、私が経験した苦悩の比ではない重苦を、二人は生涯に亘って経験し続けた。なぜ二人はそれほどまでに頑張れたのか。

　愚考を巡らすに、阿弥陀仏、または法華経（あるいはブッダ）に対する絶対的な信仰、そして自分の思索と体験からくる揺るぎない信念、そして感謝の念が二人を支えていたのではないか。このような苦難の真っ直中にあるときに、法然と日蓮の生涯と思想を再確認できた意味は私にとって大きかった。

　無論、遠く及びはしないが、私は二人の姿に自分を重ねて執筆できたので、少しは文体に生気がこもったのではないかと自負している。また、書きながら法然と日蓮の生き方を再確認することで、二人から勇気をもらい、何とかこの難局を乗り切れた。

　今となって思えば、このタイミングで本書を著すことになったのは、偶然ではなく必然だったように思う。この時期だからこそ、この書ができあがった。今回も、私を越えたところで何か大きな力が作用し、その力が私を突き動かしたように感じる。

　その〝力〟を「阿弥陀仏」と呼ぶか、はたまた「妙法蓮華経」と呼ぶか。その名称はともかく、それぞれ与えられた時代と地域の中で、法然も日蓮も自らの思索と体験とを往還しながら、その〝力〟と接触し、それを実感し、そこから確信を得て、法然は南無阿弥陀仏に、また日蓮は南無妙法蓮華経に帰入した。こう言うと、双方の信奉者に叱られそうだが、あえて極論すれば、その〝力〟の正体は同じもので、名前が違うだけなのかもしれない（あくまで極論です。ご寛恕下さい）。

今、日本の宗派仏教は岐路に立たされている。なのに、各祖師の信奉者は宗派根性丸出しで、相互理解を拒絶しているかに見える。これは、墜落しかけている飛行機の中でファーストクラスの座席争いをしているようなものだ。そんな状況を少しでも打破し、相互理解を深めることが本書を著した裏の意味である（いや、表の意味か）。

鎌倉仏教の宗派の中で犬猿の仲は、何と言っても浄土宗と日蓮宗であろう。だからこそ、その二人の祖師を比較してみたくなった。もしも法然と日蓮が極楽浄土と霊山浄土で交信できるとすれば、どのような会話を交わしているのだろうか。命をかけて熱く議論しているとしても、心の底では互いの人格を尊重するような間柄であってほしい。

「宗論」という狂言がある。法華僧と浄土僧との宗旨争いをシニカルに描いた作品だ。これを見ると、当時からこのような宗派意識が問題になっていたことがわかるが、やはりこれは古くて新しいテーマなのだと、脱稿した今、改めて感じる。

さて今回は日蓮を扱ったが、私は日蓮教学については門外漢なため、畏友の興隆学林専門学校助教授・石田智宏氏のお手を煩わせ、数々の有益な示唆を頂戴し、初歩的なミスを数多く回避することができた。この紙面を借りて甚深の謝意を表する。

最後になったが、今回も新潮社の金寿煥氏に大変お世話になった。この企画を提案すると、「法然と日蓮の組み合わせ」という意外性を評価して下さり、『ブッダと法然』に続く第二弾として、新潮新書からの出版となった。金さん、ありがとうございました。


二〇一八年一二月八日（釈尊の成道を祝して）

平岡　聡

【主要参考文献ならびに引用文献】

安達俊英　2004　「法然浄土教と本覚思想」『印度学仏教学研究』52-2, 495-501.

阿満利麿　1989　『法然の衝撃：日本仏教のラディカル』人文書院.

新井俊一　1999　「親鸞における共生の思想」『日本仏教学会年報』64, 145-154.

石井教道　1959　『選択集全講』平楽寺書店.

石丸晶子　1989　『式子内親王伝：面影びとは法然』朝日新聞社.

市川浩史　2004　「日蓮と「日本国」」（佐々木［2004：75-98］）.

伊藤唯眞　2007　『仏教における女性観（浄土宗人権教育シリーズ3）』浄土宗出版.

梅原猛　2000　『法然の哀しみ（梅原猛著作集10）』小学館.

梅原猛・紀野一義　1969　『永遠のいのち〈日蓮〉（仏教の思想12）』角川書店.

梅原猛・田村芳朗　1970　『絶対の真理〈天台〉（仏教の思想5）』角川書店.

庵谷行亨　2014　「日蓮の成仏論とその展開」（小松・花野［2014：291-315］）.

大橋俊雄（校注）1971　『法然　一遍（日本思想大系10）』岩波書店.

――――（校注）1997　『選択本願念仏集』岩波書店.

――――（校注）2002　『法然上人絵伝』（全二巻）岩波書店.

門屋温　2010　「神仏習合の形成」（末木［2010b：252-296］）.

神谷正義　2000　「椎尾弁匡師と共生思想」『印度学仏教学研究』49-1, 269-273.

【主要参考文献ならびに引用文献】

黒田俊雄 1975『日本中世の国家と宗教』岩波書店.
—— 1990『日本中世の社会と宗教』岩波書店.
小松邦彰・冠賢一（編）1987『日蓮宗小事典』法藏館.
小松邦彰・花野充道（編）2014『日蓮の思想とその展開（シリーズ日蓮）』春秋社.
三枝充悳 1999『ブッダとサンガ：〈初期仏教〉の原像』法藏館.
齊藤隆信 2018『善導浄土教要文集：附『觀經疏傳通記』見出し』平楽寺書店.
佐々木馨（編）2004『法華の行者 日蓮（日本の名僧12）』吉川弘文館.
—— 2014「鎌倉仏教と日蓮の思想」（小松・花野［2014：161-182］）.
佐藤弘夫 2003『日蓮：われ日本の柱とならむ』ミネルヴァ書房.
—— 2006『起請文の精神史：中世世界の神と仏』講談社.
—— 2008『日蓮「立正安国論」全訳注』講談社.
—— 2014a『鎌倉仏教』筑摩書房.
—— 2014b「日蓮の国家論」（小松・花野［2014：183-196］）.
島田裕巳 2007『日本の10大新宗教』幻冬舎.
浄土宗総合研究所 2013『現代語訳 法然上人行状絵図』浄土宗出版.
末木文美士 1992『日本仏教史：思想史としてのアプローチ』新潮社.
—— 2009『仏典をよむ：死からはじまる仏教史』新潮社.
—— 2010a『増補 日蓮入門：現世を撃つ思想』筑摩書房.

末木文美士（編） 2010b 『日本仏教の礎（新アジア仏教史11 日本Ⅰ）』佼成出版社.
平雅行 1992 『日本中世の社会と仏教』塙書房.
―― 2001 『親鸞とその時代』法藏館.
―― 2017 『鎌倉仏教と専修念仏』法藏館.
高木豊 1973 『平安時代法華仏教史研究』平楽寺書店.
髙橋弘次（編） 2001 『傍訳 選択本願念仏集』（全二巻）四季社.
田村芳朗 1975 『日蓮：殉教の如来使』日本放送出版協会.
―― 1977 「三種の浄土観」『日本仏教学会年報』42, 17-31.
―― 1980 「代受苦：菩薩と苦」『仏教思想5〈苦〉』平楽寺書店.
知恩院浄土宗学研究所編集委員会 2010 『法然上人のお言葉：元祖大師御法語』総本山知恩院布教師会.
中井真孝（編） 2004 『念仏の聖者 法然（日本の名僧7）』吉川弘文館.
中島岳志 2017 『親鸞と日本主義』新潮社.
花野充道 2014 「日蓮の生涯とその思想」（小松・花野［2014：4-81］）.
原慎定 2004 「罪意識と使命感」（佐々木［2004：144-166］）.
平岡聡 2011 「変容するブッダ：仏伝のアクチュアリティとリアリティ」『大乗仏教の誕生［シリーズ大乗仏教2］』春秋社、109-137.
―― 2012 『法華経成立の新解釈：仏伝として法華経を読み解く』大蔵出版.

――――　2015『大乗経典の誕生：仏伝の再解釈でよみがえるブッダ』筑摩書房．

――――　2016a『〈業〉とは何か：行為と道徳の仏教思想史』筑摩書房．

――――　2016b『ブッダと法然』新潮社．

――――　2018a『浄土思想史講義：聖典解釈の歴史をひもとく』春秋社．

――――　2018b『浄土思想入門：古代インドから現代日本まで』ＫＡＤＯＫＡＷＡ．

平川彰　1983「大乗仏教における法華経の位置」『講座・大乗仏教４：法華思想』春秋社、1–45．

――――　1989『初期大乗仏教の研究Ⅰ（平川彰著作集第３巻）』春秋社．

藤田宏達　1970『原始浄土思想の研究』岩波書店．

――――　1985『善導（人類の知的遺産18）』講談社．

――――　2007『浄土三部経の研究』岩波書店．

町田宗鳳　1998『法然対明恵』講談社．

間宮啓壬　2014「日蓮の題目論とその継承」（小松・花野［2014：273–290］）．

三浦和浩　2015「日蓮の浄土教批判に関する一考察」『仏教学研究』71, 99–111．

山川智応　1923『日蓮聖人と法然』天業民報社．

柳澤正志　2018『日本天台浄土教思想の研究』法藏館．

ローズ、ロバート　1987「『法華三昧懺儀』研究序説」『仏教学セミナー』45, 17–33．

渡辺宝陽　2003『日蓮仏教論：その基調をなすもの』春秋社．

渡辺宝陽・小松邦彰（編）　2011『日蓮聖人全集（新装版）』（全七巻）春秋社．

平岡　聡　1960（昭和35）年京都市生まれ。京都文教学園学園長・京都文教大学学長。佛教大学大学院博士課程満期退学。博士（文学）。2014年より現職。著書に『法華経成立の新解釈』『ブッダと法然』『浄土思想入門』など。

Ⓢ新潮新書

807

南無阿弥陀仏《なむあみだぶつ》と南無妙法蓮華経《なむみょうほうれんげきょう》

著　者　平岡《ひらおか》　聡《さとし》

2019年３月20日　発行

発行者　佐藤隆信

発行所　株式会社新潮社

〒162-8711　東京都新宿区矢来町71番地
編集部(03)3266-5430　読者係(03)3266-5111
https://www.shinchosha.co.jp

印刷所　株式会社光邦

製本所　株式会社大進堂

ISBN978-4-10-610807-5　C0215

価格はカバーに表示してあります。

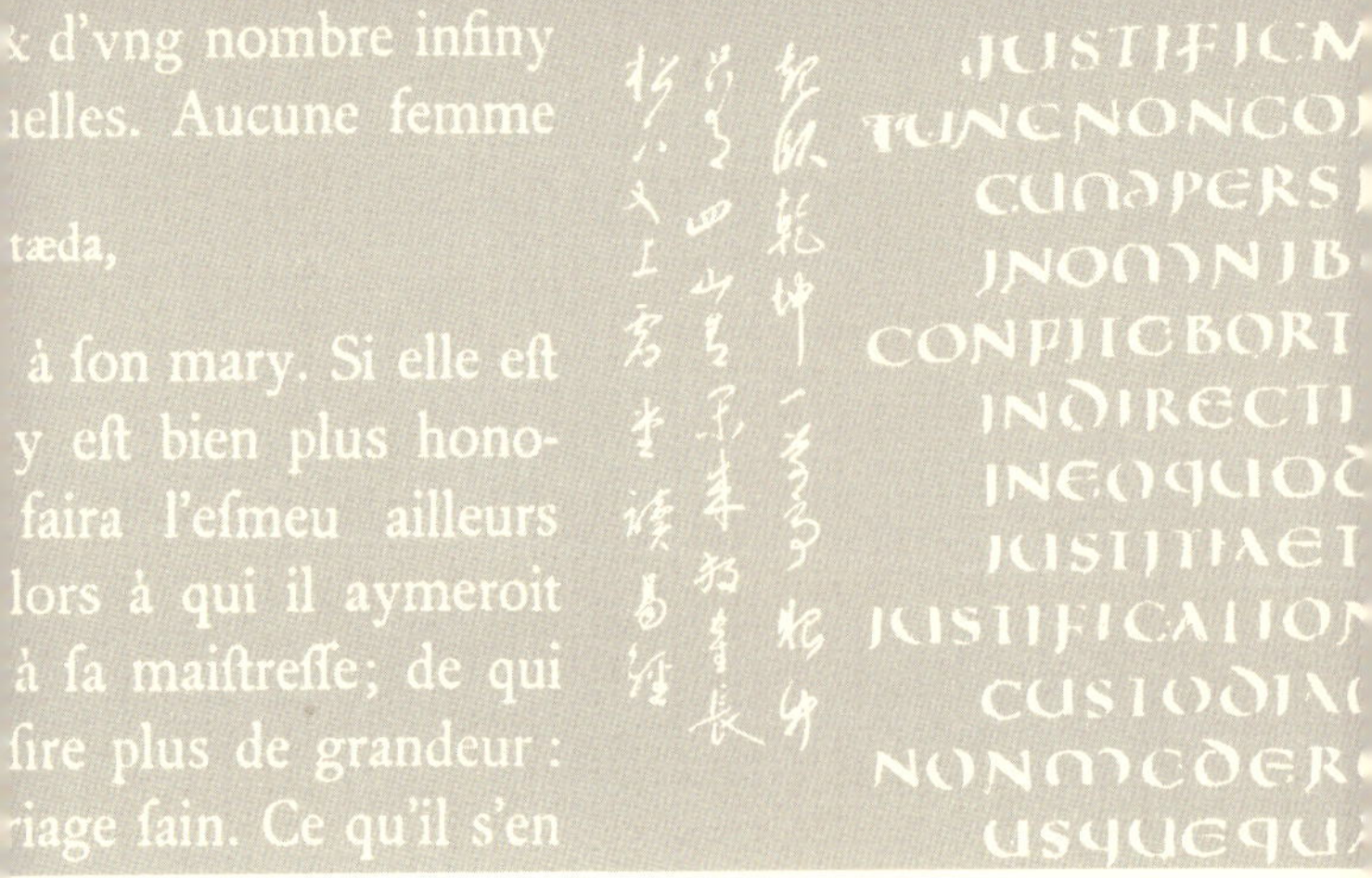
d'vng nombre infiny
elles. Aucune femme
tæda,
à son mary. Si elle est
y est bien plus hono-
faira l'esmeu ailleurs
lors à qui il aymeroit
à sa maistresse; de qui
fire plus de grandeur :
iage sain. Ce qu'il s'en

新潮新書

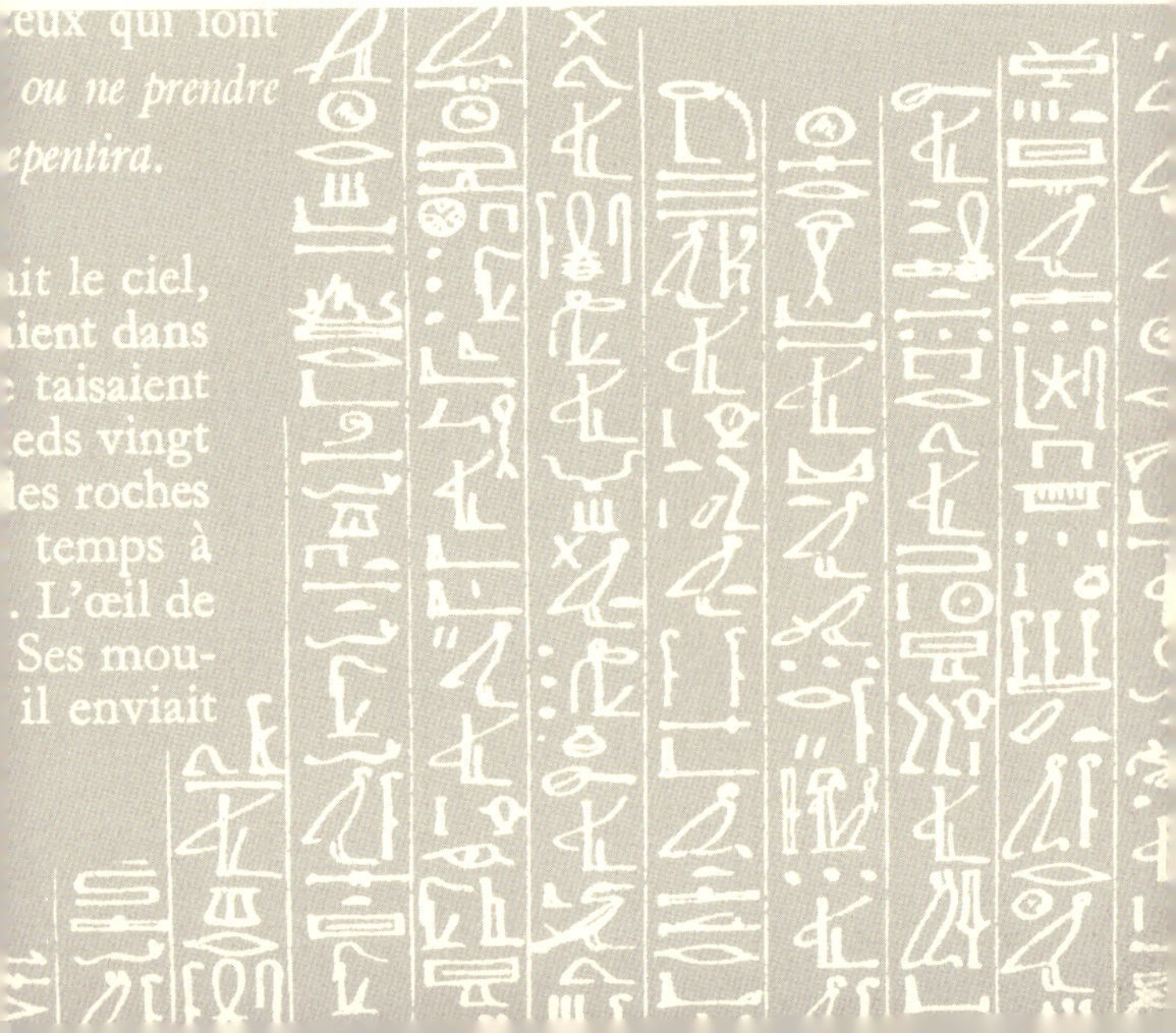
ou ne prendre
epentira.
it le ciel,
ient dans
taisaient
eds vingt
les roches
temps à
L'œil de
Ses mou-
il enviait